Alles
was man in **Hohenlohe**
erlebt haben muss

Lothar Schwandt

Alles

vas man in **Hohenlohe**

erlebt haben muss

Lothar Schwandt ist 1954 in Wallhausen geboren und dort aufgewachsen. Nach dem Studium in Heidelberg zog es ihn ins Hohenlohische zurück, wo er heute als Realschullehrer in Crailsheim tätig ist. Der ausgewiesene Heimatkenner hat bereits zwei Bücher zur Regionalgeschichte herausgebracht, ist Schulbuchautor und schreibt gelegentlich auch für die Presse. Der Vater von drei erwachsenen Söhnen lebt in Wallhausen und engagiert sich in der Kulturarbeit, beim Schwäbischen Albverein und in der Kirche.

Bildnachweis: Ufuk Arslan/Würth-Gruppe: S. 131 | Bäuerliche Erzeugergemeinschaft Schwäbisch Hall, Wolpertshausen S. 155, 156 | Ev. Bauernwerk Hohebuch: S. 144 | Jörg Bönhof, Wiesbaden: S. 151 | Burgfestspiele Jagsthausen: S. 60, 61 | Thomas Dammer, Waldtann: S. 47, 48 | Peter Egelhof, Blaufelden: S. 54 | Ev. Kirchengemeinde Untermünkheim: S.136 | Helmut Fischer, Mainhardt: S. 81 | Flugschule Hermann Brodbeck, Michelbach/Bilz: S. 83, 85 | Gemeinde Schöntal: S. 124 | Gemeinde Stimpfach: S. 134, 135 | Gemeinde Kupferzell: S. 74 | Gemeinde Michelbach/Bilz: S. 84 | Dr. Hans Hagdorn/Muschelkalkmuseum Stadt Ingelfingen: S. 56–58 | Nicole Hirsch/ Touristik und Marketing Schwäbisch Hall: S. 140 | Christine Hofmann: S. 17 | Hohenloher Kultursommer: S. 97, 98 | Kurverwaltung Bad Mergentheim: S. 3 kleines Bild unten; S. 14 | Tobias Langohr, Wallhausen: S. 13 | Elke Lehnert, www.fotoblicke.com: S. 99, 101 | Franz Maxl, Gründelhardt: S. 41 | Thomas Meiser, Neustädtlein: S. 39 | Helmut Müller, Blaufelden: S. 26, 77 | Sandra Neckermann/Kulturamt Niederstetten: S. 102, 103 | Thomas Ohr, Crailsheim: S. 32 | Michael Rebmann/Dorfkäserei Geifertshofen: S. 29 | Marion Reuter, Schwäbisch Hall: S. 11 | Friedrich Sackmann, Weikersheim: S. 149 | Michael Schenk, Pfedelbach: S. 114, 115 | Friedrich Schinko, Blaufelden: S. 33 | Schlosshotel Götzenburg, Jagsthausen: S. 59 | Andi Schmid/Würth-Gruppe: S. 130 | B. Schwarz/Gemeindeverwaltung Braunsbach: S. 19, 20 | Stadt Krautheim: S. 62 | Stadt Künzelsau: S. 70 | Stadt Neuenstadt am Kocher: S. 92, 93 | Stadt Obersontheim: S. 109 | Stadt Waldenburg: S. 142 | Stadt Öhringen: S. 111, 113 | Stefan Thaidigsmann, Braunsbach: S. 18 | Jürgen Weller, Schwäbisch Hall: S. 129 | Alle anderen Bilder: Lothar Schwandt.

2. Auflage 2016

© 2014/2016 by Silberburg-Verlag GmbH,
Schönbuchstraße 48,
D-72074 Tübingen.
Alle Rechte vorbehalten.
Umschlaggestaltung: Anette Wenzel, Tübingen.
Druck: Grammlich, Pliezhausen.
Printed in Germany.

ISBN 978-3-8425-1301-3

Besuchen Sie uns im Internet
und entdecken Sie die Vielfalt
unseres Verlagsprogramms:
www.silberburg.de

INHALT

Baden-Württemberg

81

Umpfer

Krautheim

Dörzbac

Jagst

Schöntal

Jagsthausen

Weißbach   Ingelfinge

Kocher

Niedernhall

Forchtenberg   KÜNZELSA

Zweiflingen

HOHENLOHEKREIS

ÖHRINGEN   Kupferzell

Neuenstadt
am Kocher

Neuenstein

6   Bretzfeld   Pfedelbach   Waldenburg

Brettach   Untermünk

Breitenauer See

Heilbronn   Löwenstein   Michelfeld

Mainhardt   Rosengart

Neckar   *Rot*

81   Obe

Murrhardt   Fichtenberg

BAD MERGENTHEIM
Igersheim
Weikersheim
Creglingen

Tauber

Bayern

MAIN-TAUBER-KREIS

Niederstetten

Vorbach

Rothenburg
ob der
Tauber

fingen

Schrozberg

Tauber

Blaufelden

Langenburg
Gerabronn
Rot
am See

7

6

Braunsbach
Kirchberg
an der Jagst
Wallhausen

6
Ilshofen
Satteldorf
Wolpertshausen

CRAILSHEIM

Kreßberg

SCHWÄBISCH
HALL

KREIS SCHWÄBISCH HALL

Michelbach
an der Bilz
Vellberg
Frankenhardt
Fichtenau

Dinkelsbühl

Bühler

Jagst

Stimpfach

Obersontheim
Bühlertann

Gaildorf
Bühlerzell

Sulzbach-Laufen
Ellwangen
(Jagst)

7

VORWORT

Hohenlohe ist eine Region der Superlative, eine der schönsten Gegenden Baden-Württembergs, malerisch durchflossen von Kocher, Jagst und Tauber. Entstanden aus einer wechselvollen Geschichte, bekam das Gebiet seinen Namen von dem Adelsgeschlecht der Hohenlohe, das bis heute Bestand hat, und wird geeint durch seinen im Fränkischen verwurzelten hohenlohischen Dialekt.

Hier findet man eine herrliche Landschaft, geprägt von Landwirtschaft, mit paradiesischen Streuobstwiesen und namhaften Weinanbaugebieten, man trifft auf unzählige gut erhaltene Burgen und Schlösser, sehenswerte historische Dörfer, Orte und Städte, aber auch moderne Hightech-Standorte, ländliche und städtische Theater und Museen, traditionelle Jahrmärkte und internationale Musik-Festivals, Wellnesstempel und Sterneküchen. Die unterschiedlichsten Events werden angeboten, vom Urlaub auf dem Bauernhof bis hin zum Gleitschirmfliegen.

Die Wiederentdeckung, Produktion und Vermarktung selbst erzeugter Lebensmittel von hoher Qualität haben aus Hohenlohe zudem eine Genießer- und Gaumenerlebnisregion par excellence gemacht. Wer hätte noch vor einiger Zeit gedacht, dass der hier angebaute Dinkel, das fast schon ausgestorbene Schwäbisch-Hällische Landschwein oder der Saft aus heimischen Streuobstbeständen jemals wieder eine Rolle auf den Speisekarten spielen würde!

Und: Hohenlohe ist von allen Seiten gut erreichbar: Es liegt zentral in Süddeutschland und wird von mehreren Autobahnen durchzogen, dazu führen einige touristische Straßen hindurch: die Burgenstraße, die Deutsche Ferienstraße, die Württemberger Weinstraße und natürlich viele, viele Wanderwege. So gibt es unzählige Möglichkeiten für Groß und Klein, Hohenlohe kennenzulernen: Sei es mit dem Auto, dem Motorrad, dem Fahrrad oder zu Fuß, bei Ferien auf dem Bauernhof, bei Kultur- oder Naturgenuss, beim Essen oder beim Wein … Wer hier auf Entdeckungstour geht, läuft nur in einer Sache Gefahr: sich in diesen Landstrich zu verlieben!

In diesem Ausflugsführer soll ob der schieren Menge an Attrak-

■ *Auf dem Kocher-Jagst-Radweg unterhalb der Comburg.*

tionen eine gezielte Auswahl getroffen werden. Das Spannende daran? Alle hohenlohischen Gemeinden Baden-Württembergs sind vertreten, in alphabetischer Reihenfolge. Jede Gemeinde kann mit etwas Besonderem aufwarten, dazu gibt es Tipps und Adressen und eine Übersichtskarte, um dem neugierigen Besucher so viel an die Hand zu geben, dass er auf eigene Faust die Geheimnisse der wunderschönen Region entdecken kann und schlussendlich – wie könnte es anders sein – zum Fan wird, den es immer wieder hierherzieht, um wirklich alles zu erleben, was man in Hohenlohe erlebt haben muss!

Ich wünsche meinen Lesern viele spannende Entdeckungen, intensive Begegnungen und Genießerfreuden in meiner Heimat!

Lothar Schwandt

BAD MERGENTHEIM | **Mit den Wölfen heulen**

Der letzte wild lebende Wolf in Hohenlohe wurde im Jahr 1830 erlegt und noch heute erinnern historische Wolfsgruben an seine Bejagung. So gibt es beim Creglinger Ortsteil Frauental noch eine gemauerte Wolfsgrube. Und die Einwohner des Creglinger Ortsteils Wolfsbuch verraten Ihnen bestimmt gerne die Herkunft des heutigen Ortsnamens.

Heute gibt es wieder Wölfe im Land: 1973 gegründet, hat sich der Wildpark aus kleinen Anfängen immer mehr ausgedehnt. Ein schönes Refugium auf insgesamt 35 Hektar Fläche inmitten eines Laubwaldes, das in weitem Umkreis seinesgleichen sucht und einer der arten-

■ *Blick über Bad Mergentheim nach Osten.*

■ *Furchteinflößend: Wolf im Wildpark Bad Mergentheim.*

reichsten Wild- und Haustierparks in Europa ist. Hier leben unter anderem Greifvögel, Luchse, Dam- und Rothirsche, Wildschweine, Elche, Biber und sogar Bären in weitgehend natürlichen Gehegen. Und seit den 1980er Jahren ist das Gelände das Zuhause des mit bis zu 30 Tieren wahrscheinlich größten Wolfsrudels in Europa. Für seine Besucher bietet der Wildpark viele Tages- und Jahreszeitenangebote, auch ungewöhnliche, die die Besichtigung mit der Tageskarte ergänzen. Bei den »Genießerabenden« kann man nachtaktive Tiere beobachten und dabei etwas dazu Passendes verkosten, zum Beispiel Prosecco und Fisch. An Schulen und Kindergärten richten sich die Angebote des »Wipaki«-Wildparkkinder-Teams. Indianer- und Rit-

tertage, Baumklettern und auch Kurse zur Tierpflege bringen den Kindern ihre Umwelt wieder näher. Aufregend ist auch die Koboldburg, eine Turmlandschaft für Kinder mit Übernachtungsmöglichkeiten. Besonders beliebt ist aber die »Wolfsnacht«, berichtet Frank Hofmann von der Tierpark GmbH. Man übernachtet in einem offenen Zelt neben dem Wolfsgehege, mit Lagerfeuer. Wenn irgendwann gegen Mitternacht das unheimliche Wolfsgeheul ertönt, sind alle Kinder hellwach und wie elektrisiert.

Und Bad Mergentheim selbst? Baden-Württembergs größte Kurstadt mit ihren vier berühmten Quellen, die für Trink- und Badekuren genutzt werden, mit Kurhäusern, Sanatorien und Kurkliniken, lebt schon längst nicht mehr

Heilkraft inklusive: in der Wandelhalle der Kuranlagen.

Golfen vor der Haustür im Erlenbachtal, der Besuch des Deutschordensmuseums oder der betörenden Stuppacher Madonna von Matthias Grünewald sind ebenfalls ansprechende Vorschläge für Unternehmungen. Etwas Besonderes ist das Go-Kart-Fahren im Burgpark-Ring im Industriegebiet. Schon ab acht Jahren können Kinder auf speziellen Kinder-Karts eine Runde auf der 400 Meter langen Kartbahn drehen, und versierte Fahrer erreichen Geschwindigkeiten von bis zu 70 Kilometern pro Stunde! Vielleicht schaffen Sie es ja sogar bis in die Top-20-Jahreswertung!

i Tourist-Information Bad Mergentheim, Telefon (0 79 31) 57-48 15, www.bad-mergentheim.de ▶ Wildpark Bad Mergentheim, Telefon (0 79 31) 4 13 44 und 56 30 50, www.wildtierpark.de ▶ Burgpark Ring Kart, Telefon (0 79 31) 56 26 46, www.kartbahn-mgh.de

vom Kurbetrieb allein, zeigt sich als Gesundheitsstadt von ihrer besten Seite und hat ein vielseitiges Programm im Angebot. Und dass gepflegtes Essen und Trinken ebenfalls zum Renommee einer Gesundheitsstadt gehört und das Wohlbefinden fördert, versteht sich von selbst. Seit der Hohenloher Uradlige Wolfgang von Stetten das altehrwürdige Hotel »Victoria« übernommen hat, gibt es dort, in der Residenz am Kurpark und im Wohnpark »Tauberland« noble Wohnungen für betuchte Kunden.

AUSSERDEM

▶ **Kurpark** mit Wandelhalle, Kurparkfest im Juli

▶ **Deutschordensschloss** mit Museum und Schlosskirche

▶ **Münster** St. Johannes mit Münsterschatz

▶ **Weinort Markelsheim** mit Weinstuben und Weinlehrpfad, Weinfest am Wochenende nach Pfingsten

BLAUFELDEN | **Gegensätze erleben**

I n den Hohenloher Haufendörfern haben die Ortsgrundrisse trotz aller Variationen ein ähnliches Grundmuster: Der Mittelpunkt war fast überall die Kirche, oft mit einem Kirchhof umgeben. Meist gab es mehrere Ausfallstraßen, die sich im Zentrum kreuzten, mindestens eine Gaststätte, unverzichtbare Handwerksbetriebe wie den Dorfschmied und zentrale Einrichtungen wie Rathaus und Schule. Einschneidende Veränderungen begannen erst in den 1960er Jahren. Als Erstes wurden die Dorfschulen geschlossen, nach der Gemeinde- und Verwaltungsreform folgten die Rathäuser und die Tante-Emma-Läden, auch viele Gaststätten machten zu. Was innerorts nun fehlt, wird hier an der Peripherie ergänzt, und das in großem Maßstab: Zwei große Supermärkte, drei markante Windräder – der Raum zwischen Langenburg und Rothenburg ist das windhöffigste Gebiet Hohenlohes – und das unübersehbare

■ *Ortsbildprägend: Windkraftanlagen und evangelische Ulrichskirche.*

Distributionszentrum eines Buchversandes setzen neue Akzente. Auch das Ortsbild des beschaulichen Teilorts Wiesenbach wird von einem Hochregallager eines Herstellers von Haustiernahrung beherrscht.

Am besten, Sie machen sich von den hier dicht beieinanderliegenden Gegensätzen von Geschichte und moderner Zeit selbst ein Bild! In Wiesenbach gibt es dafür einen Idealtermin: den Taubenmarkt immer am dritten Wochenende im Januar. Gegründet wurde er 1947. Ortsvorsteher Manfred Glemser weiß auch den Grund: »Es waren Notzeiten und die Menschen litten auch auf dem Land Hunger. Der Handel mit Kleintieren half der Landbevölkerung bei der Lebensmittelversorgung.« Immer noch bildet die Kleintierausstel-

lung den Mittelpunkt des Marktes, und nach der Eröffnung mit einem Taubenflug ziehen »Deutsche Riesen« bewundernde Blicke auf sich, gackern »Italiener« um die Wette oder wechseln junge Tauben den Besitzer. Daneben gibt es Metzelsuppe, Kostproben vom gebratenen Täubchen, Ausstellungen und eine Handwerk-Hobby-Kunstmesse. Dann ist nicht nur das ganze Dorf auf den Beinen, um die einzelnen Stationen des Marktes aufzusuchen, sondern auch Kleintierbesitzer aus nah und fern, um zu fachsimpeln oder einen Züchterpreis zu erringen.

Damit die modernen Veränderungen das Überkommene nicht gänzlich zudecken, haben interessierte Bürger in Blaufelden auf dem »Historischen Rundweg« 13 Sehenswürdigkeiten mit Infor-

■ *Auffällig: Hochregallager in Wiesenbach.*

■ *Stelldichein für Kenner: der Taubenmarkt in Wiesenbach.*

mationstafeln versehen. Das ländliche Leben des Marktortes mit der »Schmiede Ströbel«, dem Eichamt, der Wasserpumpstation und den örtlichen Brunnen wird hier vorgestellt, aber auch eine keltische Viereckschanze und die sagenumwobene Turmhügelburg aus dem frühen Mittelalter sind Teil davon. Ergänzt wird der Rundweg durch ein kleines Eisenbahn- und Dampfmodellmuseum, das von einem örtlichen Handwerker in jahrzehntelanger Arbeit aufgebaut wurde und sehr sehenswert ist. Von der einstigen Bedeutung der Landwirtschaft im Ort ist inzwischen außer dem leerstehenden Gebäude der Genossenschaft nicht mehr viel zu spüren. Aber vielleicht finden Sie ja bei einem Streifzug unter dem Dach älterer Bauernhäuser noch einige Luken für die Haustauben oder sogar ein richtiges Taubenhaus.

i **Gemeindeverwaltung Blaufelden, Telefon (0 79 53) 8 84-0, www.blaufelden.de**

AUSSERDEM

▶ **Ulrichskirche** mit begehbarem Turmkranz, jeden Sonntag um 9.45 Uhr mit Posaunenchorspiel aus luftiger Höhe

▶ **Hohenloher Volksfest** an Pfingsten

▶ 800 Jahre alte **Linde** in Wiesenbach

▶ Reste der **Rothenburger Landhege** bei Wiesenbach und Engelhardshausen

BRAUNSBACH | Im Kanu kocherabwärts fahren

Vorbei sind die Zeiten, in denen während der Sommermonate auch der Wasserstand an Kocher, Jagst und Tauber so niedrig war, dass man vielerorts auf den Grund sehen konnte. Schließlich sorgt inzwischen der Klimawandel auch im Sommer immer wieder mal für einen kräftigen Regenguss, und dann ist der Kocher am Pegel Kocherstetten höher als 40 Zentimeter – die Voraussetzung für ungetrübte Kanufreuden. Die Abhängigkeit vom Pegelstand macht das Geschäft für einen Kanuverleiher wie Stefan Thaidigsmann aus Kocherstetten allerdings nicht immer leicht. Aber eine Kanutour auf dem Kocher ist mit Sicherheit eines der schönsten Erlebnisse, die man in Hohenlohe haben kann!

Bevor am Sportplatz Braunsbach das Kanu zu Wasser gelassen wird, müssen Schwimmwesten angelegt, Paddel verstaut und Ge-

■ *Unterwegs im Kanu: auf dem Kocher bei Braunsbach.*

■ *Imposant: die Kochertalbrücke bei Geislingen.*

päck wasserdicht in eine Tonne oder einen Beutel gepackt werden. Selbst Ungeübte finden sich nach einigen unfreiwilligen Manövern schnell zurecht, schließlich ist der Kocher kein Wildwasserfluss. Und kaum hat man die eindrucksvolle Kochertalbrücke hinter sich gelassen, fühlt man sich beim langsamen Paddeln mit der Natur im Einklang. Nun sind Entspannung und Naturbeobachtung angesagt. Hier im Landschaftsschutzgebiet kann man Wildenten, Graureiher, Wasseramseln, farbenprächtige Libellen und mit einigem Glück auch den Eisvogel davonfliegen sehen, besonders bei den Umtragestre-cken an den Wehren bei Döttingen und Steinkirchen. Dort gönnt man sich am besten eine Ruhepause, bevor es weitergeht, dem selbst gewählten Tagesziel entgegen.

Um die empfindliche Tierwelt zu schützen, müssen die Wassersportler neben der Beachtung des Pegelstandes noch weitere Regeln einhalten: Lärmen ist tabu und der Müll muss richtig entsorgt werden. Die gleichbleibende Population des Eisvogels ist ein Indikator für eine intakte Flusslandschaft. Das führt Thaidigsmann auf das zunehmend sauberere Wasser des Kochers zurück. Das Naturkonzept geht also auf!

heim ist pegeltechnisch immer befahrbar und ökologisch weniger empfindlich, und man kommt an belebteren Dörfern vorbei. Man kann vom Einstieg in Möglingen aus verschiedene Touren buchen.

Der Veranstalter 100% KANU+ BIKE bietet noch andere Outdoorerlebnisse rund um Kocher, Jagst und Neckar an und hat sich auf Gruppenevents spezialisiert.

i Hohenlohe Aktivtours, Stefan Thaidigsmann, Telefon (0 79 06) 9 40 33 44, https://hohenlohe-aktiv-tours.de ▶ 100% KANU+BIKE, Telefon (0 71 39) 9 33 44 11, www.kanu-bike.de ▶ Touristikbüro Braunsbach, Telefon (0 79 06) 9 40 94-0, www.braunsbach.de

■ *Aufgang zum Schloss in Braunsbach.*

Zu sehen gibt es gerade genug, auch wenn man an Döttingen, Steinkirchen und Weilersbach schnell vorbeigefahren ist; man hat immer das ganze Tal im Blickfeld. Ab und zu braust vielleicht ein Motorradfahrer vorbei, auch Radler sieht man immer wieder, denn auch die Zweiradfahrer haben die Kochertalstrecke als eine der schönsten Flusslandschaften entdeckt. Sollte der Pegelstand doch einmal niedriger sein, dann gibt es beim Veranstalter 100% KANU+BIKE verschiedene Kanutouren am Unterlauf des Kochers. Der Bereich zwischen Möglingen am Kocher und Oed-

AUSSERDEM

▶ **Schloss Braunsbach,** begehbarer Schlosshof und evangelische Kirche mit reicher Innenausstattung
▶ **Rabbinatsmuseum** und **jüdischer Friedhof**
▶ **Kochertal-Autobahnbrücke** in Braunsbach-Geislingen, Europas größte Stahlbetonbrücke, und **Brückenmuseum**
▶ **Schloss Döttingen,** heute Hotel und Gasthaus
▶ **Schloss Tierberg,** ehemaliges Jagdschloss der Fürsten zu Hohenlohe

BRETZFELD | **Unterwegs im Siebeneicher Himmelreich**

ennen Sie Siebeneich? Vielleicht den »Siebeneicher Himmelreich«? Das ist der Wein von einer der herausragenden Lagen in Hohenlohe, und die Lage »Siebeneicher Himmelreich« ist mit ihrem weiten Blick nach Süden tatsächlich so etwas wie das Tor nach Hohenlohe. Himmlische Aussichten für den Bretzfelder Teilort also! Gekeltert wird der Wein aus dem »Himmelreich« entweder in zwei örtlichen Weinbaubetrieben oder in der nahen Winzergenossenschaft Adolzfurt.

Es lohnt sich also auf jeden Fall hierherzukommen, besonders wenn man seinen Weinvorrat ergänzen will, aber auch, um eines der Hoffeste zu besuchen oder wenn man beim Ochsenfest eine der 500 Portionen ergattern will, die dort der Schlachtochse am Grill hergibt.

In Siebeneich hat man das ganze Jahr zur Saison erklärt. Die Selbstvermarktung, der sich drei der Höfe verschrieben haben, lässt keine

■ *Die Weinlage »Siebeneicher Himmelreich«.*

Pause zu. So auch bei Familie Weibler. Schon immer war ein Standbein des Betriebes die Viehhaltung, heute stehen über 300 Mastbullen im Offenstall, die mit 14–16 Monaten geschlachtet werden. Dann wird Schlachtfest gefeiert, wo man Ochs am Spieß serviert bekommt und gutes Fleisch kaufen kann. Dieses Ereignis buchen sogar Firmen als Sonderveranstaltung!

Siebeneich ist inzwischen auch bundesweit bekannt, denn es bezeichnet sich als »erstes gläsernes Bio-Energie-Dorf in Deutschland«. »Gläsern« wurde die Betriebsführung im Jahr 2009, als Siebeneich an der landesweiten Aktion teilnahm, die Landwirte bei der öffentlichkeitswirksamen Produktion unterstützt. Und wie entsteht ein »Bio-Energie-Dorf«? Hier kommt Rolf Weibler ins Spiel, dessen Bullenhaltung genügend Biomasse erzeugt, um damit eine Biogas-Anlage zu betreiben. Die liefert so viel Nahwärme, dass sie den Ort zu über 85 Prozent mit Heizenergie versorgen kann. Acht Kubikmeter Gülle und sechs Tonnen Maissilage täglich bilden die Grundmasse für die Methanproduktion. Außerdem wurde kräftig in die Photovoltaik investiert, so dass Strom sogar über den eigenen Bedarf hinaus produziert wird. Inzwischen sind an das Nahwärmenetz ungefähr 20 Wohngebäude in Siebeneich angeschlossen. Dass ein »grüner« Minister nach Siebeneich kam, um sich darüber zu informieren und das Bio-Energie-Dorf zu beglückwünschen, wundert also überhaupt nicht!

Zudem wurde ein Naturpfad eingerichtet, der mit rund 50 Info-Tafeln auf sechs Kilometern durch

■ *Weiter Blick nach Süden: Kulturlandschaft um Siebeneich.*

■ *Auf dem Naturpfad »Siebeneicher Himmelreich«.*

die malerische Landschaft Sie-
beneichs führt. Die einzelnen Stationen informieren über den Trau-
benanbau, über nachwachsende
Rohstoffe wie Holz bis hin zum
Tafelobst.

Ob jedoch Enzian-König Heino
am 31. August 2012, als er in Siebeneich gastierte, sich die Zeit
genommen hat, um sich hier um-
zusehen, ist nicht verbürgt. Für Rolf
Weibler war er nur einer von vielen
Gästen, die auf den Brettern seiner
Besenwirtschaft schon zu Hause
waren: Jedes Ochsenessen wird
hier mit einer Band umrahmt, die
aus Funk und Fernsehen bekannt
ist. Die Besensaison dauert zudem
mehrere Wochen. Dann kann die
Halle am Ortsrand auch mal bis
zum Bersten gefüllt sein!

Vergleichsweise gemütlich ist
es im zweiten »Besen« im Ort, bei
Familie Banzhaf. Hier ist sogar ein

Eisenbahnwaggon ein Teil des
Besen-Betriebs.

i Gemeinde Bretzfeld,
Telefon (0 79 46) 77 1-0,
www.bretzfeld.de
► www.weinbau-weibler.de
► www.banzhaf-gbr.de
► www.besenverzeichnis.de
► www.bioenergie-dorf.de

AUSSERDEM

► **Besenwirtschaften** in Adolzfurt, Dimbach, Geddelsbach,
Unterheimbach, Schwabbach

► **Weinkellerei** Hohenlohe e. G.
»Fürstenfass« in Adolzfurt

► **Vinothek** im Bahnhof
Bretzfeld

► **Wiesenkelter Verrenberg**,
Öhringen

BÜHLERTANN | Erlebniswelten in der Tannenburg

Hohenlohe gilt als das Land der Burgen und Schlösser. Trutzige unverfälschte Burgen gibt es jedoch nur wenige, da die begüterten Adligen die meisten zu Schlössern umgebaut haben, andere in einem landwirtschaftlichen Gutshof aufgegangen und viele ganz verschwunden sind. Eine Ausnahme ist die Tannenburg oberhalb von Bühlertann, eine stauferzeitliche Burg wie aus dem Bilderbuch. Sie wird von Familie Zipperer bewohnt, die hier eine anheimelnde Atmosphäre geschaffen hat. Ihr sind Besucher, Privatgäste und Schulklassen gleichermaßen willkommen. Und das neben der Bewirtschaftung des zugehörigen Biobauernhofes mit rund 90 Hektar Land und 12 Hektar Wald sowie Weidehaltung von Mutterkühen. Verkauft wird das begehrte Rindfleisch über die Bäuerliche Erzeu-

■ *Die Tannenburg oberhalb von Bühlertann.*

■ *Simon Zipperer zeigt die Schätze der Tannenburg.*

gergemeinschaft Schwäbisch Hall. Vorbei sind die Zeiten, als hier fast 600 Jahre lang bis 1820 die Burgvögte des Klosters Ellwangen schalteten und walteten!

Wie kam die bürgerliche Familie Zipperer hierher? Der Kunstmaler Ernst Gustav Zipperer aus Berlin erwarb 1931 das Anwesen, die Familie lebt hier also bereits in der vierten Generation. Die Liebe zur Kunst blieb Teil der Familienkultur: In der Burg sind eine Vielzahl historischer und restaurierter Möbelstücke zu sehen. Kein Wunder, dass die Feriengäste dieses Ambiente schätzen.

Einen weiteren Schritt machten Zipperers 2005 mit der Ausweisung ihrer Burg als Schullandheimstand-

ort. »Lernen durch Erleben« heißt seitdem die Devise. Dazu gehört ein Lagerfeuerplatz mit Grillhütte, ein Spiel- und Fußballplatz um die Ecke und Tiere zum Anfassen. Dass der gelungene Mix aus eigenem Erleben, praktischem Handeln und Wissenserwerb ankommt, beweisen die Rückmeldungen begeisterter Schüler. Wo sonst kann man mit Pflanzhacke und Spaten sein eigenes Bäumchen pflanzen oder wird bei der Jungbestandspflege von Bäumen sachgerecht angeleitet, bevor am Abend das Lagerfeuer lodert und der Tag mit Bogenschießen zu Ende geht?

Auch für Open-Air-Konzerte hat sich die Tannenburg inzwischen geöffnet. »Rock und Folk im

■ *Steingewordene Geschichte: der Eingangsbereich der Tannenburg.*

Wechsel passen ideal zur Burgatmosphäre«, meint Simon Zipperer, der die Tannenburg mit guten Ideen für die Zukunft fit macht. So kommt hier bestimmt keine Langeweile auf.

Auch in Bühlertann selbst gibt es ein lohnenswertes Ziel: Hier braut Christian Greiner in dem traditionsreichen Landgasthof mit Hausbrauerei »Zum Stern«, der direkt an der Hauptstraße liegt, seit 2013 sein eigenes »Sternbräu«-Bier. Damit setzt der junge Gastwirt neue Akzente und wirkt dem Brauereisterben entgegen. Helles und dunkles Bier, Weizenbier wie auch unterschiedliche Aktionsbiere werden in einem Kupferkessel im Gastraum gebraut, was den Gästen zudem ein unvergleichliches Ambiente bietet. Schon der Duft macht Lust auf ein kühles Blondes!

i Ruth und Ernst-Martin Zipperer, Telefon (0 79 73) 59 85, www.zipperer-tannenburg.de ▶ Landgasthof »Zum Stern«, Telefon (0 79 73) 7 26, www.zum-stern.com

AUSSERDEM

▶ **Kirche St. Georg** in Bühlertann

▶ **Fastnachtsumzug** am Fastnachtssonntag

BÜHLERZELL | **Leben auf dem Bauernhof wie früher**

Einen Bauern erleben, der noch so gut wie alle Nutztiere hält, die man mit der Landwirtschaft verbindet – findet man das noch? In manchen Hohenloher Dörfern gibt es kaum noch Milchvieh, Schweine werden zumeist in Massentierhaltung gezüchtet und die traditionelle »gemischte Landwirtschaft« ist heutzutage die Ausnahme. Finanziell lohnt dies nur, wenn man eine Nische findet, die bei vertretbarem Arbeitsaufwand dennoch zu einem guten Betriebsergebnis führt. Diese Nische hat der Naturhof Engel gefunden.

Er liegt in einer der schönsten Ecken Hohenlohes – dort, wo die Ellwanger Berge weit nach Norden vorstoßen, abseits vom großen Verkehr und auf knapp fünfhundert Metern Höhe, in Bühlerzell-Schönbronn. Dort hält man Tiere nicht nur »biologisch«, das heißt

■ *Perfekte Idylle: Federvieh auf dem Naturhof Engel.*

mit viel Auslauf, großzügigen Ställen und chemisch unbehandeltem Futteranbau, sondern auch wie früher in »natürlichem Tempo«. Dass sich dies auch in Qualität und Geschmack der Fleisch- und Wurstwaren zeigt, ist Familie Engel wichtig. Auf dem Hof gibt es Rinder in Mutterkuhhaltung, Schwäbisch-Hällische Landschweine, Schafe, Puten und Hühner in Freiland- und Stallhaltung, dazu noch Gänse und Enten. Und das ist längst nicht alles, denn fast die gesamte Familie Engel hat sich der Jagd verschrieben. Das Revier »Schönbronner Holz« liegt um die Ecke und Rotwild gibt es aus der Dübener Heide.

Geschlachtet wird auf dem eigenen Hof, denn zu einer artgerechten Haltung gehört für Familie Engel auch die stressfreie Schlachtung, für Viktor Engel, den Betriebsinhaber, ein weiteres Qualitätsmerkmal guten Fleisches. Verkauft wird das Fleisch vor allem auf den Wochenmärkten, im Hofladen und im Einzelhandel, der Naturhof Engel ist als Bioland-Hof auch Mitglied im Verband der Bio-Einzelhändler. Zu alldem bietet der Naturhof Engel einen Partyservice an und richtet Feste aus. Dazu wurde das historische Backhaus auf dem Hofgelände liebevoll hergerichtet und kann angemietet werden.

■ *Das historische Backhaus des Naturhofs Engel, heute eine Gaststube.*

■ *Hier ist Sorgfalt gefragt: in der Dorfkäserei Geifertshofen.*

Damit ist der Engelhof ein Vollerwerbsbetrieb, der perfekte Organisation erfordert und allen Familienmitgliedern ein gutes Zusammenspiel abverlangt. Aber viele Hände schaffen zusammen viel, das wissen Engels. Auf dem Gelände des Hofes liegt zudem der Landgasthof »Jägerstuben« mit gutbürgerlicher Speisekarte, den Viktor Engels Bruder Eberhard bewirtschaftet.

Wie schafft man das bloß? Diese Frage hört Andrea Engel öfters und sie tut sie schnell ab: »Des goht scho«, meint sie beiläufig und ergänzt, dass ja auch noch die Waldarbeit und das selbstgemachte »Gsälz« dazugehören – und die aktuellen Sonntagsevents, die der Hof regelmäßig anbietet.

i **Gemeinde Bühlerzell,**
Telefon (0 79 74) 93 90-0,
www.buehlerzell.de ► Naturhof
Engel, Viktor und Andrea Engel,
Telefon (0 79 74) 3 72,
www.naturhof-engel.de
► Landgasthof »Jägerstuben«,
Telefon (0 79 74) 10 38

AUSSERDEM

► **Dorfkäserei Geifertshofen**
mit Schaukäserei

► **Historischer Gasthof**
»Ochsen« von 1789 in
Geifertshofen

► **Ferienpark/Landhauspark**
Grafenhof, Sport- und
Freizeitzentrum mit Hotel in
Hinterwald

CRAILSHEIM | Liebe auf den zweiten Blick

Crailsheim ist auf den ersten Blick eine moderne Stadt. Ihren alten Charme hat sie im Zweiten Weltkrieg verloren; was von der alten Bausubstanz übrig ist, sind neben der spätgotischen Johanneskirche die historischen Gebäude des Spitals und die »Türme an der Jagst«.

Was also macht man in Crailsheim? Bei der Stadtverwaltung kann man den Flyer »Historischer Stadtrundgang durch Crailsheim« abholen – oder ihn im Internet herunterladen – und die Stadt so erst einmal auf eigene Faust erkunden. Die Kirchengeschichte der Stadt erschließt der Reforma-

■ *Blick vom Kreckelberg auf Crailsheim.*

■ *Die »Türme an der Jagst«: Stadtsilhouette Crailsheims.*

tionsweg. Trotz dieser Angebote wundert man sich über so wenig geschichtliche Bausubstanz und die nüchterne Nachkriegsarchitektur. Der Grund dafür ist: Die Stadt war am Ende des Zweiten Weltkriegs schwer umkämpft, so dass man von der »Schlacht um Crailsheim« spricht. Denn Crailsheim wurde von SS-Truppen eisern verteidigt, keiner zeigte sich damals bereit, unter Lebensgefahr die weiße Flagge vor den am 20. April 1945 einrückenden amerikanischen Truppen zu hissen. Deshalb kam es zur fast völligen Zerstörung der durch Luftangriffe zuvor schon schwer beschädigten Innenstadt.

Ob der Wiederaufbau gut gelungen ist, darüber kann man streiten, jedoch nicht darüber, dass der »fränkische Charme« der Vorkriegszeit dem Wiederaufbaukonzept und den damaligen Erfordernissen an Baumaterial, Straßenführung und Straßenbreite vollkommen geopfert wurde.

Gerade weil Crailsheims Geschichte sich auf den ersten Blick nicht ohne Weiteres erschließt, empfiehlt es sich, eine Führung zu buchen. Die Stadtführerinnen überzeugen durch die Verbindung von Wissen, persönlichem Erleben und fränkischer Verwurzelung. Man erfährt, warum es hier schon seit über hundert Jahren einen Stadtteil namens Türkei gibt, ob es in der Stadt noch Nachfahren der Herren von Crailsheim gibt und was es mit der sagenhaften Bürgermeistersgattin auf sich hat, deren Hintern noch heute in aller Munde ist. Und

■ *Noch ein Crailsheimer Turm: der Wasserturm aus der Dampflokzeit.*

es wird klar, warum die Crailsheimer sagen: »Mir sann gäere doa.«

Vor Lebensfreude strotzt die Stadt vor allem beim Fränkischen Volksfest, das die Menschenmassen kaum fassen kann und immer auf das Wochenende mit dem vorletzten Montag im September fällt. Und wenn Sie genügend Zeit haben, sollten Sie den Kreckelberg aufsuchen. Er ist einer der zahlreichen Naherholungsplätze der Stadt. Hier blüht es bereits im zeitigen Frühjahr, in den übrigen Jahreszeiten locken die Gesteinspyramide, der Vogelpark und der aussichtsreiche Höhenweg in Richtung Eichwald und Schönebürgwald, der zugleich ein Teilstück des Fernwanderweges E8 ist.

i Tourismus-Information, Telefon (0 79 51) 4 03-13 00
www.crailsheim.de

CREGLINGEN | **Hochzeit, Taufe, Tod im Niemandsland**

Weiße Flecken auf der Landkarte gibt es auch in Hohenlohe nicht mehr, aber dünn besiedelte Räume sehr wohl. So zum Beispiel die wasserarme verkarstete Hochfläche des »Schrozberger Schildes« nordöstlich von Blaufelden, die sich bis zum Taubertal hinzieht. Man kann hier auf geschichtsträchtigem Boden stehen und dennoch das Gefühl haben,

allein auf weiter Flur zu sein und nur die Weite des Himmels zu spüren. Ein weiteres solches Stück Niemandsland »erfährt« man auf der Strecke von Niederstetten nach Rothenburg ob der Tauber. Und dort, wo niemand wohnt, kann man gleich drei wichtigen Lebensstationen begegnen: der Taufe, der Hochzeit und dem Tod.

Ein Kilometer südöstlich von Oberrimbach liegt ein »Taufstein«

■ *Landturm Lichtel an der ehemaligen Rothenburger Landhege.*

unmittelbar am Straßenrand, inmitten einer Gruppe von Kopfweiden, ein merkwürdiger ausgehöhlter Stein, und das – wenn man Schätzungen glaubt – seit fast dreizehn Jahrhunderten. Verbürgt ist lediglich, dass dieser Stein aus karolingischer Zeit stammt und man aus der Formgebung nur auf ein Taufbecken schließen kann. Aber ganz unter freiem Himmel? Dass die heutige Landesstraße L 1020 früher einmal Teil einer mittelalterlichen Fernstraße war, hilft auch nicht viel

weiter, denn eine Siedlung hat es hier oben nie gegeben.

An der Straße nach Rothenburg ob der Tauber liegt kurz vor dem Lichteler Landturm der etwa 300 Jahre alte Hochzeitswald von Streichental, in dem nach altem Brauch nur Paare aus Streichental zur Hochzeit eine Eiche pflanzen dürfen. Eine wahrlich »nachhaltige« Idee!

Folgt man vom Taufstein bei Oberrimbach aus dem Feldweg nach Süden, dann kommt man

■ *Riemenschneider-Altar in der Herrgottskirche Creglingen.*

■ *Geheimnisse am Wegrand: Taufstein bei Oberrimbach.*

zum Ruheforst Landhege, einem Waldfriedhof, der vor einigen Jahren in diesem Waldgebiet angelegt wurde. Der Wald selbst soll sich wie ein Ruhebiotop frei entwickeln, zugleich können Bestattungen bei einer garantierten Ruhedauer von bis zu 99 Jahren stattfinden. Die Asche der Verstorbenen wird in Urnen beigesetzt. Auch Trauerzeremonien sind möglich, wofür ein Andachtsplatz mit Kreuz zur Verfügung steht. Dreieinhalb Hektar umfasst der Ruheforst innerhalb des vierzehn Hektar großen Waldstücks »Strick«, das sich seit 1399 im Eigentum der Stadt Rothenburg befindet. Führungen durch den Ruheforst werden regelmäßig angeboten.

i Touristinformation Creglingen, Telefon (0 79 33) 6 31, www.creglingen.de ▶ Städtisches Forstamt Rothenburg ob der Tauber, Telefon (0 98 61) 4 04-5 12, www.landhege-ruheforst.de

AUSSERDEM

▶ **Jüdisches Museum Creglingen**

▶ **Flachsbrechmuseum** im Stadtteil Burgstall

▶ **Herrgottskirche** bei Creglingen, mit Altar von Tilman Riemenschneider

▶ **Fingerhutmuseum** gegenüber der Herrgottskirche

▶ **Feuerwehrmuseum** im Schloss Waldmannshofen

▶ **Keltische Fliehburg** und Keltenhaus bei Finsterlohr

▶ **Ehemalige Klosterkirche Frauental** mit Museum zur Kloster- und Dorfgeschichte

▶ Achteckige **Ulrichskapelle** in Standorf

▶ Relikte der **Rothenburger Landhege** und Landturm bei Lichtel

DÖRZBACH | **Auf dem Pfad der Stille unterwegs**

Für eine Wanderung in die Stille gibt es keinen besseren Ausgangsort und keinen besseren Platz zum Meditieren als Dörzbach mit seiner Kapelle St. Wendel am Stein. Zwar hat der Landschaftsverband Mittleres Jagsttal gleich vier »Pfade der Stille« kreiert, der Dörzbacher ist jedoch sicherlich der eindrücklichste – verbindet er doch Talaue mit Hangwäldern, Regsamkeit mit Schweigsamkeit. Man geht dazu am besten mit einem Rucksackvesper auf Tour, denn die Pfade der Stille sind durchaus nicht nur bequem, sondern gelegentlich auch schweißtreibend, zum andern bewegt man sich fern von großen Siedlungen, wenigstens für zwei bis drei Stunden.

Wir begehen den »Pfad der Stille« mit der Nummer 17 schon deshalb, um die geheimnisvolle

■ *Vielgestaltiges Jagsttal: Dörzbach von Süden.*

Kapelle St. Wendel zum Stein endlich einmal von Nahem zu sehen.

Ausgangspunkt unseres Pfades ist die evangelische Kirche in Dörzbach. Der Weg führt vom Marktplatz durch den äußeren Schlosshof und über die Jagstbrücke. Danach folgt man der Markierung des Wanderwegs 17, an den Eiskellern vorbei über die Stäffele nach Meßbach zur katholischen Kirche zur Heiligen Dreifaltigkeit. Sie gilt als schönste Rokokokirche Hohenlohes und hat eine für eine Dorfkirche ungewöhnliche Freskenmalerei. Auf dem Pfad der Stille führt nun der Wanderweg 16 von hier weiter, rechts am Dorfsee vorbei und über die Talkante hinunter zur »sagenhaften« Kapelle St. Wendel zum Stein, um die sich geheimnisvolle Mythen ranken. Dort lassen wir uns hineinnehmen in die jahreszeitlichen Stimmungen – es ist ein wundersamer Ort. Schon in der Oberamtsbeschreibung von Künzelsau aus dem Jahr 1883 wurde die Kapelle mit eindrücklichen Worten beschrieben:

»St. Wendel zum Stein, vom Volk die Steinkappel genannt (…), liegt auf einem Tuffsteinfelsen hart über der Jagst zwischen Dörzbach und Hohebach, aber näher bei letzterem, in überraschend schöner Lage. Der herrliche Wald im Rücken, die senkrecht aufsteigenden Tuffsteinfelsen, die mächtigen Bäume, welche die Kapelle beschatten, der Blick in die jähe Tiefe und das Rauschen der Jagst zu den Füßen wirken stimmungsvoll

■ *Rokokokirche zur Heiligen Dreifaltigkeit in Meßbach.*

auf den Besucher. (…) Auf steilem engen Pfade steigt man herab auf einen Felsvorsprung, auf welchem die Kapelle steht. Die Kapelle ist in einfachem gothischem Stil gebaut, doch ist an der Südwand noch ein kleines romanisches Fenster. Die 3 Fenster des fünfeckigen Chors mit Sternengewölbe zeigen gothisches Maßwerk mit verschie-

■ *Zu jeder Jahreszeit reizvoll: Kapelle St. Wendel am Stein.*

denen Füllungen. Die Decke des Chors war bemalt. In demselben ist ein steinerner Altar mit einem marmornen Altarbild. Es stellt einen Ritter im Harnisch mit bloßem Haupte dar, der vor dem Kreuze kniet, ihm gegenüber eine Frau in lose wallendem Haar, zu ihrem Fuß ein Rauchgefäß. Über beide schweben Engel mit Kelchen in den Händen. Im Gesims des Altarbildes ist Gott Vater dargestellt. (…) Außen zwischen den größeren Fenstern und dem Chorpfeiler gegen Hohebach liest man die Jahreszahl 1511. Nebenan steht das Meßnerhaus, unter dem eine Quelle aus dem Felsen entspringt.«

Parallel zur Jagst führt unser Weg zum Ausgangspunkt zurück, sofern Sie nicht vorziehen, den gesamten markierten »Pfad der Stille« über Hohebach auf der anderen Jagstseite zurückzuwandern.

i Gemeinde Dörzbach, Telefon (0 79 37) 91 19-0, www.doerzbach.de, www.pfade-der-stille.de

AUSSERDEM

▶ **Terrassierte Hänge** am Dörzbacher »Altenberg« mit Naturschutzflächen

▶ Die »**Schubertiade**«, jährlich stattfindende Musikwochen im Schlosshof des Schlosses Eyb

FICHTENAU | **Tanzen gehen oder sich auf Ostern einstimmen**

Die »Tanz-Metropole« Fichtenau-Neustädtlein ist im weiten Umkreis ein Begriff. Die Gäste kommen von weit her, um einen Abend lang stilvoll zu tanzen. Hier wurde das unnachahmliche Ambiente von Disco-Kugel, Wasserfall, einer Mischung von rustikalem Schmiedeeisen und feiner Drechslerkunst bei schummrigschöner Illumination über die Zeiten gerettet, und der große Zulauf zeigt, wie richtig das war. Manche fahren hierher, um »ihre« einst angehimmelten Stars nochmals live zu erleben. Diesen Gefallen taten Wolfgang Petry, das Nockalm-Quintett und die Paldauer dem Publikum schon öfter.

Aus dem einstigen Gasthof Rose ist längst ein Imperium geworden. »Meiser« ist eine Wohlfühladresse,

■ *Hier ist der Paartanz »in«: Tanzmetropole Neustädtlein.*

die vom Restaurant, Hotel, Wellness-Bereich, dem Tanzlokal und weiteren Freizeitangeboten alles umfasst, was Kunden wünschen. Und wer noch ein Outdoor-Event sucht: Das »Meisers« bietet seinen Gästen Schnuppergolfen an. Außerdem kann man vom Hotel eine 8,30 Meter lange Stretch-Limousine mieten – im Hausjargon »Las-Vegas-Trip« genannt. Wer will, kann im nahen Dinkelsbühl eine Stadterkundung anschließen und dabei im dortigen »Café Meiser« einkehren. Meisers sind auch in der vierten Generation erfolgreich!

Fichtenau selbst ragt mit seinem Ostereiermarkt am Palmsonntag-Wochenende unter den vielen Kunsthandwerksmärkten heraus. Über 40 Aussteller und Gäste aus allen Teilen Deutschlands und dem Ausland sind hier vertreten. Manche Künstler führen die Ostereierbearbeitung und -bemalung vor und geben auch Anregungen zur eigenen kreativen Gestaltung. Von der Aquarell- bis zur Ölmalerei auf Eiern unterschiedlicher Größe und Dicke, vom großen Straußenei bis zu kleinsten Vogeleiern sind alle Formen und Farben zu sehen, auch mit Applikationen aus den unterschiedlichsten Materialien, wie Blüten, Federn und Blätter. Für Kinder ist viel geboten: Ob es die Kindereisenbahn oder das Mal- und Spielerlebnis im Kindergarten ist, sie können dort nach Herzenslust werkeln, während die Eltern in aller Ruhe über den Markt gehen können.

■ *Ostereierkunst im Rathaus Wildenstein.*

■ *Die architektonisch reizvolle »Bildkapelle« bei Matzenbach.*

Weitere zwei Kleinode findet man in Fichtenau: den Zauberwald zwischen Wildenstein und Lautenbach und die »Bildkapelle« im Wald bei Matzenbach. Der Zauberwald ist ein vor allem bei Kindern beliebter Lehr- und Wanderpfad, den die Künstler Andrea Reksans und Stefan Vollrath geschaffen haben. Trolle, Hexen, Feen und andere Fabelwesen sind hier als geschnitzte Holzfiguren gestaltet und regen die Fantasie an.

Seit 1973 führt ein 1,5 Kilometer langer Fahrweg von Matzenbach in südwestlicher Richtung zu einer neu gebauten Waldkapelle mit dem »Matzenbacher Bild«. Das holzgeschnitzte Bild zeigt die leidende Mutter Jesu bei der Kreuzabnahme. Die Kapelle entstand durch die Initiative von Matzenbacher Christen, um die seit 1746 belegte Wallfahrt neu zu beleben.

i **Vital-Hotel Meiser,**
Telefon (0 79 62) 71 19 40,
www.vitalhotel-meiser.de,
www.meisers.com ▶ Tanz-
metropole, Telefon (0 79 62) 4 28,
http://tanzmetropole.de
▶ Gemeinde Fichtenau, Telefon
(0 79 62) 8 92-0, www.fichtenau.de,
www.pilger-reisen.de/pilgerorte/
matzenbach/matzenbach.htm

AUSSERDEM

▶ **Seefest am Badesee
Storchenweiher** in Lauten-
bach am zweiten Juli-
Wochenende

FORCHTENBERG | Den Spuren Hans und Sophie Scholls nachgehen

Hohenlohe war vor und während des Zweiten Weltkriegs beileibe kein Zentrum des Widerstands gegen Hitler, eher eine sichere Bastion. Aber auch hier gab es stille Hilfe für Ausgegrenzte trotz Lebensgefahr für die Helfer. Aber das war die Ausnahme. In vielen protestantischen Dörfern war die NSDAP seit 1931 die mit Abstand stärkste Partei. Das ist selbst dort, wo heute an Wider-

standskämpfer erinnert wird, zum Beispiel in Brettheim, Crailsheim oder Forchtenberg nicht anders gewesen. Vor diesem Hintergrund wird die Geschichte von Hans und Sophie Scholl erst fassbar.

Der Vater von Hans und Sophie Scholl und spätere Oberbürgermeister von Ulm, Robert Scholl, gebürtiger Hohenloher aus Geißelhardt-Steinbrück, war 1917 bis 1920 Bürgermeister von Crails-

■ *Forchtenberg: Hauptstraße mit Rathaus.*

■ *Vom Würzburger Tor in Forchtenberg hinunter zum Kocher.*

heim-Ingersheim und 1920 bis 1929 von Forchtenberg. Während in Crailsheim bisher nur das Geburtshaus und eine Straße an Hans Scholl erinnern, gibt es in Forchtenberg, dem Geburtsort Sophie Scholls, seit 2006 einen »Hans-und-Sophie-Scholl-Pfad«. Er führt unter dem Symbol der Weißen Rose und stellenweise mit weißen Rosen bepflanzt zentral durch das hübsche Städtchen und bezieht zugleich die Stadtgeschichte mit ein. Die

erste Station des etwa einstündigen Rundgangs bildet das Rathaus, auch Wohnhaus der Familie Scholl, in dem Sophie Scholl am 9. Mai 1921 geboren wurde und mit ihren Geschwistern aufwuchs. Die Stationen des Wegs wirken sehr idyllisch, zum Beispiel der Pfarrgarten als Spielwiese der Scholl-Kinder, und selbst die im Dreißigjährigen Krieg zerstörte Schlossruine spielt eine Rolle, da sie damals für gelegentliche Theateraufführungen genutzt

■ *Stauferzeitliche Burgruine Forchtenberg.*

gen gewesen sein, die der liberal denkende, von humanistischem Gedankengut geprägte Vater als Bürgermeister im damals sehr kleinbürgerlichen Forchtenberg machen musste. 1930 scheiterte seine Wiederwahl und die Familie zog nach Ludwigsburg um.

Forchtenberg selbst ist lebendig konserviertes Mittelalter mit einer Bausubstanz, die bis ins 15. Jahrhundert zurückreicht. Die Burg, heute malerische Ruine, wurde 1240 errichtet, die historische Keimzelle des Städtchens ist dagegen im gegenüberliegenden Ortsteil Neu-Wülfingen zu suchen.

i Rathaus Forchtenberg, Telefon (0 79 47) 91 11-0, www.forchtenberg.de ▶ Gedenkstätte Weiße Rose i-Punkt, Telefon (0 79 05) 51 35, www.forchtenberg.de

wurde. Das Kern-Museum, Stammhaus der Künstlerfamilie Kern, enthält auch eine kleine Gedenkabteilung für Hans und Sophie Scholl. Letzte Station des Rundgangs ist der Busbahnhof, dort befanden sich einst Gemüsegärten, von denen einst auch die Familie Scholl einen bewirtschaftete.

Natürlich möchte man wissen, woher der Widerstandswille der Geschwister Scholl kam. Letztlich bleibt dies ungesagt, aber es mögen auch so manche Erfahrun-

AUSSERDEM

▶ **Weihnachtsmarkt** am ersten Adventswochenende in der Altstadt

▶ **Mittelalterliches Stadtbild** mit vollständig erhaltener Stadtmauer

▶ **Friedhofskirche** in Wülfingen (11./12. Jh.)

▶ **Sindringer Töpfermarkt** am dritten Wochenende im Mai

▶ **Tiroler Seen** bei Schleierhof mit Jugendzeltplatz und Badeplatz

FRANKENHARDT | Wo der Hohenloher Blooz am besten schmeckt

Welches Gericht ist typisch hohenlohisch? Darüber kann man trefflich streiten, denn Küche und Essgewohnheiten unterliegen einem stetigen Wandel. Trotzdem gibt es noch unveränderte heimische Spezialitäten. In Hohenlohe ist der »Blooz« die unbestrittene Nummer eins.

Der Blooz ist ein dünner süßer oder salziger Blechkuchen, den es früher auf den Höfen Hohenlohes nur am Tag des Brotbackens gab.

Man konnte die Resthitze des gemauerten Backofens ausnutzen und den Blooz gleich warm verzehren. Die wichtigsten Zutaten für den Belag waren auf den Bauernhöfen immer vorhanden: Sauerrahm, geräucherter Schinken und Grieben. Und als Nachtisch gab's die süße Variante.

Einen Blooz zu backen, verlangt spezielles Know-how und einen genügend großen und richtig temperierten Backofen. Wer hat das schon? Einige Gastronomen

■ *Traditionsreiches Lokal: Gasthaus »Eiche« in Mainkling.*

■ *Und so sieht er aus: der Blooz in allen Varianten.*

haben aus dieser Not eine Tugend gemacht und die Kunst des Bloozbackens aufrechterhalten. Die Nachfrage gibt ihnen recht! Und da jedem Blooz individuelle Hausrezepte zugrunde liegen, ist es nur eine Geschmacksfrage, wo man ihn isst, keine Frage des Geldbeutels, denn arm wird niemand, der sich am Blooz satt isst.

Im Gasthof »Eiche« in Frankenhardt-Mainkling ist freitags »Bloozoawed«. In Gerbertshofen offeriert der »Doppeladler« ebenfalls Blooz vom Feinsten. »Kult« ist für manche Liebhaber das »Rössle« in Saurach, wo es ebenfalls freitags Blooz gibt. Am besten genießt man ihn mit Freunden, ganz nach dem Motto: »Kumm doch oafach amol freidoochs vorbei und hau dr a boor Schticklich nei und drink an Mouschd dazu.« Einen Blooz, der mit biologisch erzeugten Zutaten aus dem eigenen Demeter-Betrieb auskommt, bietet der Buchenhof in Brunzenberg. Am besten reservieren Sie rechtzeitig!

i Bürgermeisteramt Frankenhardt, Telefon (0 79 59) 91 05-0, www.frankenhardt.de ▶ Gasthaus zur Eiche, Frankenhardt-Mainkling, Telefon (0 79 59) 6 86 ▶ Gasthaus Doppeladler, Stimpfach-Gerbertshofen, Telefon (0 79 57) 3 95 und 92 62 59 ▶ Gasthaus Rössle, Crailsheim-Saurach, Telefon (0 79 04) 2 97 ▶ Der Buchenhof, Frankenhardt-Brunzenberg, Telefon (0 79 59) 8 37

AUSSERDEM

▶ **Burgberg** (534 m) mit 28 m hohem Aussichtsturm, sonntags bewirtschaftet.
▶ **Naturdenkmal »Gründischer Brunnen«**, eine Gipskarstquelle in der Speltachaue

GAILDORF | **Den Ausnahmezustand miterleben**

Was ist das wichtigste Ereignis in Gaildorf? Im Winter ist dies der Pferdemarkt, im Sommer alle zwei Jahre das Bluesfest. Und übers Jahr bietet die »Kulturschmiede« eine lebendige Kulturszene.

Zwar ist das Taubertal-Festival in Rothenburg ob der Tauber an Besucherzahl um einiges größer, das Folk-Festival in Braunsbach romantischer, aber das meiste Herzblut wird sicherlich beim Blues-Festival in Gaildorf vergossen, wo diese Musik seit 1978 zu hören ist und »der Kocher zum Mississippi wird«. Mit dem Umzug auf die Kocherwiesen bekam das Festival seine heutige Bedeutung, alle zwei Jahre findet es am ersten Juli-Wochenende statt. Das von der »Kulturschmiede« organisierte »Mekka des Blues« besuchten in manchen Jahren über fünftausend Menschen! Es sind nicht die absoluten Stars am Blueshimmel, die in Gail-

■ *Beim Bluesfest trifft sich die Welt in Gaildorf: ein »Blueser«.*

■ *Einfach hinreißend: das Gaildorfer Bluesfest.*

dorf auftreten. Jedoch gelang den Veranstaltern 2011 ein Glücksgriff: Shemekia Copeland traten auf, damals noch ein Geheimtipp. Einige Monate später wurden sie zum »Black History«-Konzert ins Weiße Haus zu Barack Obama eingeladen!

Etwa zehn Bands geben sich beim Blues-Festival ein Stelldichein. Manche, wie »Rick Estrin and the Nightcats«, gibt es schon viele Jahrzehnte, andere sind noch jung. Man bekommt so einen Überblick über die musikalische Entwicklung und hört, wie zum Beispiel Soul und Jazzrock-Elemente einfließen. Und ein Wochenende lang kann man erleben, wie es ist, wenn die Welt nach Gaildorf kommt.

Die Gaildorfer Kulturschmiede ist das Schmieröl im Getriebe des Landstädtchens. Sie sorgt dafür, dass kulturelles Leben auch in einer Kleinstadt funktioniert und man nicht immer in die Metropolen fahren muss, um das zu erleben. Kabarettisten und Kleinkünstler kommen hierher, irische Folklore, Schwabenrock oder Jazz erwärmen auch in der kalten Jahreszeit die Herzen – bis der »Gaildorfer Blueser« als bemalte Silhouette wieder überall zu sehen ist und auf die tollen Tage hinweist.

i Bürger- und Gästeinfo, Telefon (0 79 71) 2 53-0, www.gaildorf.de

AUSSERDEM

▶ **Altes Schloss** mit Arkadenhof mit Dauerausstellung »Hexen, Henker und Halunken«

▶ **Gaildorfer Pferdemarkt** am zweiten Montag im Februar

GERABRONN | **In Liebesdorf Ihren Liebesschwur erneuern**

Erinnern Sie sich noch an den Beginn Ihrer Liebesbeziehung? Hoffentlich ja, und hoffentlich haben Sie Ihre Wahl noch nie bereut. Wenn beides zutrifft, dann können Sie Ihren Liebesschwur erneuern, am besten in Liebesdorf.

Warum gerade dort, fragen Sie, wenn Sie die kurvenreiche Strecke von Michelbach/Heide durch das Jagsttal nach Lendsiedel fahren und durch Liebesdorf kommen? Die Antwort ist einfach: Liebe be-

deutet füreinander Zeit haben und Glücksmomente teilen. Dafür bietet Liebesdorf die besten Voraussetzungen, auch oder gerade weil man von einem Ortsschild zum anderen schauen kann und die zehn Anwesen schnell abgeschritten sind. Ideal für ein verlängertes Wochenende ist der Ferienhof Klingler, vor allem wenn Kinder dabei sind. Hier gibt es statt gewöhnlicher Ferien auf dem Bauernhof Erlebnisferien, bei denen Kinder und Erwachsene gleichermaßen auf ihre

■ *Erlebnis-Bauernhof Klingler in Liebesdorf.*

■ *Früh übt sich: Pferdepflege voller Hingabe.*

Kosten kommen. Die Attraktionen sind neben der Spieleburg auch eine Go-Kart-Bahn, aber am wichtigsten sind die Shetland-Ponys und Haflinger. Alles rund um die Pferdepflege kann hier ausprobiert werden, bevor es ans Reiten geht. Und dann gibt es noch die Hängematte und die Insel zum Relaxen …

Im Ort lädt der »Löwen« zur abendlichen Einkehr ein. Hier kann man mit gestandenen Hohenlohern ins Gespräch kommen, mit Wanderern, die das Brettachtal erkunden, oder mit Motorradfahrern, die hier Pause machen, denn zum Durchbrausen ist Liebesdorf wie gesagt zu schade.

Von den vielen Wanderwegen in die Umgebung ist der wohl eindrücklichste der Wanderweg von Liebesdorf zum flussaufwärts gelegenen Talort Bügenstegen. Im März blühen dort an einem steil abfallenden Felsklotz die Märzenbecher, im April auf der anderen Talseite die

Küchenschellen. Die Talsohle ist hier so eng, dass der Weg auf halber Höhe entlangführt und eine schöne Aussicht ermöglicht. Vielleicht erleben Sie hier den Sonnenuntergang, dann ist vielleicht Ihr erneuertes Liebesglück vollkommen!

ℹ️ **Stadt Gerabronn**, Telefon (0 79 52) 6 04-0, **www.gerabronn.de** ▶ Ferienhof Klingler, Telefon (0 79 52) 67 67, **www.bauernhofurlaub-hohenlohe.de**, http://liebesdorf-klingler.de

AUSSERDEM

▶ **Schloss und Burg** Amlishagen

▶ **Burgruine Werdeck** im Brettachtal

▶ **»Die kleine Schweineschule«** in Michelbach/Heide, Lernbauernhof für Kinder

IGERSHEIM | **Mittelaltermarkt und Ritterturnier besuchen**

»**L**and der Burgen und Schlösser« – so lautete lange der Werbeslogan für Hohenlohe, zu Recht. Inzwischen kommen Events und Erlebniswelten hinzu. In Igersheim praktiziert der rührige Verein S.P.u.K. – Sport, Pferde und Kultur – eine glückliche Verbindung von beidem.

Weithin sichtbar und exponiert über dem Taubertal liegt der Bergsporn mit der Burg Neuhaus. Sie wurde in der ersten Hälfte des 13. Jahrhunderts errichtet und 1281 erstmals urkundlich als Besitz der Herren von Hohenlohe-Brauneck erwähnt. Während des Bauernkrieges und Schmalkaldischen Krieges wurde sie zerstört. Später war die Burg Sitz des Amtmanns, bis die Burg nach und nach abgebrochen wurde. Seit 1809 ist sie Staatsdomäne.

In der malerischen Kulisse der historischen Burganlage veranstaltet der Verein meist am ersten Juli-Sonntag mit großem Aufwand das Mittelalter-Festival »Spectacu-

■ »*Spectaculum et Gaudium« auf Burg Neuhaus: Mittelalter heute.*

■ *Auf der Flaniermeile von Burg Neuhaus beim Mittelalter-Festival.*

lum et Gaudium« – mit Markt und Ritterturnier. Zwei Tage dauert das Fest, das die Burg in den Mittelpunkt stellt. Mittelalterliche Tänze, ein Kinder-Ritterturnier und ein großes Ritterturnier locken zum Zusehen und Mitfiebern. Abends treten Märchenerzähler auf, eine Nachtshow und es gibt natürlich auch einen Tavernenbetrieb. Sonntags geht es weiter – mit Gauklern, Zauberern und Spielleuten.

Unter den gewaltigen Bäumen des Innenhofs kann man stundenlang verweilen und den »Spielleyt des Mittelalters« oder einer mittelalterlichen Tanzgruppe zusehen. Die Spukschänke lädt zur rustikalen Einkehr ein, das Burgcafé zu Kaffee und Kuchen. Im Burggraben gibt es Gelegenheiten zum gemütlichen Plausch mit den Veranstaltern der Aktivangebote und Action. Wann haben Sie zum Beispiel das letzte

Mal eine Münze geprägt oder eine Bogensehne gespannt? Und dann gibt es als Höhepunkt der Darbietungen die Nachtshow, in der die Zeit der Kreuzzüge lebendig wird. Manche Mittelalterfans reisen extra ihretwegen von weither an. Es lohnt sich!

i Gemeinde Igersheim, Telefon (0 79 31) 4 97-0, www.igersheim.de ▶ S. P. u. K. Burg Neuhaus e. V., Telefon (0 79 31) 23 10, www.s-p-u-k.de

AUSSERDEM

▶ Schönes Gebäudeensemble am Möhlerplatz mit Altem und Neuem Rathaus
▶ Naturnah angelegter 9-Loch-Golfplatz im Erlenbachtal

ILSHOFEN | **An einem besonderen Event teilnehmen**

Hohenlohe ist Bauernland. Immer noch. Dass sich hier seit einigen Jahren aber auch die Weltmarktführer in Sachen Hightech treffen, ist kein Widerspruch, sondern eine willkommene Ergänzung. Der Strukturwandel in der Landwirtschaft ist längst in der Region angekommen, die hiesigen Betriebe bewirtschaften inzwischen 100 Hektar und

mehr, verfügen – wen wundert's – über die neueste Technik, halten computergesteuerte Hochleistungskühe und optimieren die Fütterung von Schweinen bis zum idealen Mastgewicht.

Diese fortschrittlichen Agrarier haben sich ein ganz neues Zentrum für ihre Zuchtviehschauen und -auktionen geschaffen, mitten auf der grünen Wiese. Gemeint

■ *Unübersehbar: Arena Hohenlohe bei Ilshofen.*

ist die »Arena Hohenlohe«, ein Rundbau, der im weiten Umkreis seinesgleichen sucht und von der »Rinderunion« im Frühjahr 2005 eingeweiht wurde, um hier ihre Tiere zu begutachten. Diese Arena ist wirklich eine: kreisrund, mit eng gestaffelten Zuschauerrängen – bei voller Bestuhlung für mehr als 2500 Personen gebaut – und multifunktional nutzbar mit ihren 1200 Quadratmetern. »Diese Halle hat uns gerade noch gefehlt«, sagen manche Hohenloher inzwischen, denn das gewagte Bauwerk inmitten fruchtbarer Äcker wurde schnell angenommen.

Dass sie »mitten in der Pampa« liegt, stimmt nicht ganz, denn die A 6 und die Verbindungsstraße Crailsheim–Schwäbisch Hall führen unmittelbar an ihr vorbei. Nur mit öffentlichen Linien sieht's schlecht aus, denn selbst zum drei Kilometer entfernten Bahnhof Eckartshausen-Ilshofen führt keine Busverbindung. Aber dafür sind 700 Parkplätze genug Beweis dafür, dass auf dem Lande fast alles möglich ist!

Der fachkundige Blick der hier versammelten Rinderzüchter gilt den Bullen und Milchkühen, aber auch ihren Söhnen und Töchtern: Begutachtet wird das »Fundament«, die »Ausstrahlung«, der Sitz und die Struktur des Euters, die »Drüsigkeit« und die Haltung. Oder

■ *Burgruine Leofels hoch über der Jagst.*

■ *Kür der Besten: Auktion der Rinderunion Baden-Württemberg.*

es werden Kühe mit der höchsten Milchleistung ausgezeichnet. Und wenn von der »extrem typvollen« Rubens-Tochter Antilope die Rede ist, dann handelt es sich hier um eine Milchkuh mit besonderer Fruchtbarkeit, die bereits sieben Kälber geboren hat.

Aber längst finden hier neben dem Viehauftrieb andere Massenevents statt, und außer der Versteigerung von Zuchttieren wechseln sich Basketball-Spiele mit Verbrauchermessen, Konzerten, Shows, Partys und Fußball-WM-Übertragungen ab. Mit Alpaka-Schauen gibt es hin und wieder sogar einen Schuss Exotik zu bestaunen. Auch Fußball-Juniorenmannschaften tragen hier ihre Hallenturniere aus, die »Crailsheim Merlins« veranstalten hier ihr letztes Spiel vor Weihnachten mit anschließender Après-Party und dazwischen stellen sich allerlei Stars und Sternchen ein.

i **Arena Hohenlohe,** Veranstalter Rinderunion, www.arena-hohenlohe.com ▶ Stadtverwaltung Ilshofen, Telefon (0 79 04) 7 02-0, www.ilshofen.de

AUSSERDEM

▶ **Hohenloher Töpfermarkt** am 4. Wochenende im September

▶ **Ostermarkt** am Wochenende vor Ostern

▶ **Burgruine Leofels**, Stauferburg aus dem 13. Jh., alljährlich im Juli Schauplatz der Burgschauspiele Leofels

INGELFINGEN | **Steinalte Fossilien bewundern**

ast jedes Dorf in Hohenlohe hatte früher einen Steinbruch in erreichbarer Nähe. Dort, wo im Lettenkeuper der Hauptsandstein hinreichend mächtig oder der Schilfsandstein flächenhaft verbreitet war, wurde er gebrochen. An Hangkanten oder entlang der Flusstäler, wo der Muschelkalk aufgeschlossen war, entstanden mächtige Steinbrüche. Heute wird in den wenigen verbliebenen riesigen Steinbrüchen zumeist Schot-

■ *Querkopflurch Plagiosuchus aus dem Hohenloher Lettenkeuper.*

ter verschiedener Körnungen hergestellt.

Schutzzäune, Betreten-verboten-Schilder und sonstige Gefahrenhinweise schrecken heutzutage den Hobby-Geologen ab, und so sind die Zeiten vorbei, in denen man ungefragt und ungestraft auf Fossiliensuche gehen konnte. Trotzdem wurden und werden Sammler immer wieder fündig. Dazu trugen Geheimtipps, vorübergehende Aufschlüsse oder besondere »Schürfrechte« bei, um per Ausnahmegenehmigung beispielsweise an die Panzerlurche im Lettenkeuper zu kommen. Einen absoluten Glücksfall erlebte 1977 der Waldenburger Eisenbahner Johann Georg Wegele, der beim Bau der Autobahn A 6 bei Kupferzell im dortigen Lettenkeuper einen »Saurierfriedhof« entdeckte.

Die mit Abstand reichhaltigsten Funde birgt jedoch der Obere Muschelkalk, und fast jedes Hohenloher Heimatmuseum hatte eine Sammlung davon. Ein Zentralmuseum fehlte jedoch lange Zeit. 2009 konnte schließlich mit Hilfe der Alberti-Stiftung der Hohenloher Muschelkalkwerke und der Stadt Ingelfingen das Muschelkalkmuseum in der historischen Inneren Kelter eröffnet werden.

Die Flussgeschichte von Jagst und Kocher wird hier genauso dokumentiert wie der geologische Aufbau. Die Bodenschätze waren lange Zeit wichtige Reichtümer Hohenlohes, im Lettenkeuper und im Mittleren Muschelkalk

■ *Ein berühmtes Fossil: Muschelkalk-Seelilie Encrinus liliiformis.*

wurden Bergwerke angelegt, um Alaun (in Crailsheim und Gaildorf), Gips (in Forchtenberg) oder Salz (in Wilhelmsglück) abzubauen. Besonders faszinierend sind die Seelilien, Meerestiere, die mit ihren Fangarmen Plankton aus dem Meerwasser siebten, aber auch der Nothosaurier, ein bis zu fünf Meter langer Räuber, und der Mastodonsaurus, das größte Amphibium, das jemals auf der Erde lebte. Spezialsammlungen von Seeigeln und komplett zerlegte Skelette zeigen die entwicklungsgeschichtlichen Veränderungen vieler Tierarten. Mit der Entdeckung des »Kupfer-

■ *Modell und Originalknochen des Meeresreptils Nothosaurus.*

zeller Fröscheschlitzers« und einem nur fünfzehn Zentimeter kleinen Zwergdrachen konnte der Crailsheimer Sammler Werner Kugler, dem hier ein eigener Raum gewidmet ist, sogar wissenschaftliches Neuland betreten.

i Hohenloher Urweltmuseum Waldenburg, Stadtverwaltung Waldenburg, Telefon (0 79 42) 1 08-0, www.waldenburg-hohenlohe.de ▶ Muschelkalkmuseum Hagdorn, Telefon (0 79 40) 5 95 00, www.muschelkalkmuseum.de ▶ Stadtverwaltung Ingelfingen, Telefon (0 79 40) 13 09-0, www.ingelfingen.de

AUSSERDEM

▶ **Historische Altstadt** mit vielseitiger Bausubstanz

▶ **Burgruine Lichteneck** mit schöner Aussicht, Ruinenfest an Himmelfahrt

▶ **St.-Nikolaus-Kirche** mit Abendmahlsbild von Joachim Creutzfelder

▶ **Weinfest** mit Wahl der Hohenloher Weinkönigin in der Kelter Criesbach, Mitte August

▶ **Weinlehrpfad** mit 25 Tafeln, führt am Ingelfinger Fass vorbei

JAGSTHAUSEN | **Einen Mythos ergründen**

D as berühmteste Requisit eines urwüchsigen und zugleich weithin bekannten Hohenlohers ist schon 500 Jahre alt, im Götzen-Museum Jagsthausen zu bewundern und war damals schon ein echtes Hightech-Produkt. Gemeint ist die eiserne Hand Götz von Berlichingens. Dass sie heute nicht mehr voll funktionsfähig ist, hängt mit ihrer Ausleihe an den ebenso legendären Chirurgen Ferdinand Sauerbruch zusammen, der sie für Versuche zur Weiterentwicklung der Prothesen-Technik benutzte und offenbar nicht ganz sachgerecht damit umging. Die eigentliche technische Besonderheit war die Fixierung der Stellung der künstlichen Finger mit Hilfe von Zahnrädern. Dass dieser Wunderhand ein einjähriges Marty-

■ *Wie aus dem Bilderbuch: die Götzenburg Burg Jagsthausen.*

rium des schwer verwundeten Ritters vorausging, sei nur am Rande erwähnt. Immerhin erreichte er mit 82 Jahren ein für damalige Verhältnisse fast biblisches Alter!

Den »Ritter von der eisernen Hand«, schon zu seinen Lebzeiten eine legendäre Gestalt, machte Goethe in seinem Drama »Götz von Berlichingen« endgültig unsterblich. Dessen historische Bedeutung gründet sich vor allem durch die von Götz von Berlichingen selbst verfasste Lebensbeschreibung, die Goethes Werk zugrunde liegt und ein beeindruckendes Sittengemälde der frühen Neuzeit darstellt.

Goethes Drama am Originalschauplatz aufzuführen, das hat schon was, und daher finden seit 1950 ununterbrochen jedes Jahr die »Burgfestspiele Jagsthausen« auf der Burg Jagsthausen, der »Götzenburg«, statt, und immer war seither der »Götz« dabei. Der Großvater des heutigen Baron Götz von Berlichingen hatte den Mut, in der Burg ein Freilichtspieltheater zu begründen. Die heutige Leiterin Alexandra von Berlichingen wird dabei von ihrem Ehemann unterstützt, dem früheren Bundespräsidenten Roman Herzog – sie wohnen auch auf der Burg –, und die Stadt Jagsthausen verwaltet die finanzielle Seite der längst überregional bekannten Burgfestspiele. 50 000 Gäste kamen in den letzten Jahren durchschnittlich zu den Burgfestspielen und sind damit zugleich ein bedeutender

■ *Burgfestspiele Jagsthausen: Szene aus »Götz von Berlichingen« von Johann Wolfgang von Goethe und …*

■ *… Szene aus der Oper »Aida« von Giuseppe Verdi.*

Wirtschaftsfaktor für die kleine Gemeinde. Zwei Trends von Freilichtspielbühnen sind jedoch auch in Jagsthausen erkennbar: Klassische Stücke wie der »Götz« nehmen in der Zuschauergunst ab, dagegen sind Musicals immer gefragter. Und Märchen kommen in der romantischen Kulisse einer Burg mit einem Stilmix mehrerer Jahrhunderte besonders gut an. Aber natürlich ist Jagsthausen nach wie vor allem durch den »Götz« weithin bekannt.

Burg Jagsthausen ist zwar einer der Stammsitze der Herren von Berlichingen, der historische Götz lebte hier jedoch nur wenige Jahre während seiner Kindheit und besaß die Burg auch nie. Einer seiner Brüder erbte sie und sie ist bis heute im Familienbesitz derer von Berlichingen. Heute befindet sich darin auch ein Hotel. Der heutige Schlossherr Baron Götz von Berlichingen wohnt mit seiner Familie

jedoch in Rossach, einem anderen Schloss der Linie von Berlichingen, wenige Kilometer entfernt.

i **Gemeinde Jagsthausen,** Telefon (0 79 43) 91 01-0, www.jagsthausen.de ► Burgfestspiele, Telefon (0 79 43) 91 23 45, www. jagsthausen.de/ burgfestspiele ► Schlosshotel Götzenburg, Telefon (0 79 43) 94 36-0

AUSSERDEM

► **Freilichtmuseum »Römerbad«** in der Ortsmitte, frei zugänglich

► **Rotes Schloss** auf dem Gelände des Römerkastells, heute Hotel-Restaurant

► **Weißes Schloss,** Herrenhaus im Privatbesitz

KIRCHBERG AN DER JAGST | Den schönsten Weihnachtsmarkt Hohenlohes besuchen

In Hohenlohe gibt es Weihnachtsmärkte zuhauf, und da die Adventssonntage bekanntlich gezählt sind, muss man vorher ausloten, welcher einen Besuch lohnt. Einer der ältesten und zugleich schönsten findet in Kirchberg statt, der »Perle des Jagsttals«, wie die Stadt sich selbst nennt, hinter dem Stadttor, wo die Häuser Geschichte atmen.

Woanders haben längst kommerzielle Händler das Terrain erobert, hier sind es immer noch die Hobby-Kunsthandwerker, die ehrenamtlichen Vereine und Gruppen, die Sozialtherapeutischen Werkstätten Weckelweiler und handverlesene auswärtige Standbetreiber, die Spezialitäten wie Maroni, Ochsenbraten oder heiße Suppe anbieten. Dass sich das Volk auch bei klirrender Kälte nicht vertreiben lässt, liegt an dem bunten Angebot und dem unmittelbaren Kontakt, der sich auf den engen Straßen zwangsläufig ergibt. Und irgendwo entdeckt man immer noch die Flohmarktbetreiber der TSG Kirchberg, mit deren Förderverein 1973 einstmals alles begann. An deren Stand findet man noch Antikes, das aus

■ *Blick auf Kirchberg an der Jagst.*

■ *Eine Augenweide: Stand auf dem Weihnachtsmarkt in Kirchberg an der Jagst.*

einer Haushaltsauflösung oder gar aus herrschaftlichem Besitz stammt. Der Weihnachtsmarkt spiegelt den Kirchberger Mikrokosmos: So befindet sich der NABU-Stand, der süffigen Glühmost anbietet, neben dem der Anthroposophen mit ihrem gefilzten Angebot, die evangelische Kirchengemeinde neben den Klassen der Schloss-Schule. Auch der Nikolaus ist unterwegs und Chöre und Blaskapellen bringen adventliche Weisen zu Gehör. Das Schloss selbst bildet eine beeindruckende Kulisse hinter dem farbenprächtigen Marktgeschehen.

Wem es zwischendrin zu kalt wird, der sollte sich eine warme Stube suchen. Dazu muss man nicht weit laufen, denn das Sandelsche Museum, die Töpferei im Turm oder der Frauentreff liegen um die Ecke, und der Rokokosaal im Schloss und die Stadtkirche sind ohnehin einen Besuch wert.

i Stadtverwaltung Kirchberg an der Jagst, Telefon (0 79 54) 98 01-0, www.kirchberg-jagst.de

AUSSERDEM

▶ **Schloss Kirchberg,** Schlosspark zugänglich, Kirchberger Schlosskonzerte, Hofgarten mit Orangerie, Hofgartenfest jährlich am dritten Wochenende im Juli

▶ **Landschaftspark** auf dem Sophienberg

▶ Evangelische **Stadtkirche**

▶ **Sandelsches Museum**

▶ **Burg Hornberg,** in Privatbesitz

▶ **Sozialtherapeutische Gemeinschaften Weckelweiler** e. V. mit Werkstattläden und Verkaufsstelle

KRAUTHEIM | Die Vergangenheit suchen gehen

Zu den Orten, die ihre Geschichte in allen Facetten gründlich aufgearbeitet haben, gehört Krautheim. In diesem Fall wurde die Stadtgeschichte in einen – im Internet abrufbaren – digitalen Rundgang verpackt, der auf kurzen Wegen kreuz und quer durch die Jahrhunderte führt.

Wenn Sie noch nie etwas von König Albrecht I. gehört haben, dann gehen Sie einmal auf der nach ihm benannten Straße, in dem Wissen, dass er für die Stadtrechtsverleihung 1306 verantwortlich war und 1308 von seinem Neffen ermordet wurde. Die »stad und burg zuo Crutheim« ist urkundlich

■ *Blick vom Bergfried in den Schlosshof von Schloss Krautheim.*

seit 1329 belegt. An die große Bedeutung der Stadt im Spätmittelalter erinnert das Johanniter- oder Templerhaus. Hier lag bis 1555 der Sitz eines Komturs des Johanniterordens, das Gebäude selbst wurde erst nach 1590 errichtet. Heute ist es im Besitz der Stadt, hat repräsentative Räume und das Johannitermuseum befindet sich im Obergeschoss. Am äußersten Rand des kurmainzischen Besitzes, der bis 1803 zum Bistum Würzburg gehörte, gelegen, musste sich die Stadt lange mühsam behaupten. Für wenige Jahre besaß sie sogar die schmeichelhaft klingende Bezeichnung »Fürstentum Krautheim«. Von 1806 bis 1864 war sie badischer Oberamtssitz, wurde 1973 durch die Kreisreform dem Hohenlohekreis zugeschlagen und damit »neuwürttembergisch«.

Ja, wo sind die Jahre nur geblieben, seit Götz von Berlichingen hier sein berühmtes Zitat zum Besten gab? Machen wir uns auf die Suche, zum Beispiel in der Lourdesgrotte, zugleich Station 23 im Stadtrundgang. Nur wenige Hohenloher Dörfer sind katholisch geprägt, und im ehemals badischen Krautheim fühlt man sich daher beim beschaulichen Verweilen in der Nähe eines solchen Heiligtums Gott näher. Auch der Nachkriegsbürgermeister Gustav Meyer hat 1952 – im Jahr des großen Stadtbrandes – wohl so gedacht, als er aus heimischem Tuffstein die Lourdesgrotte gestalten und mit einer Marienfigur schmücken ließ.

■ *Jeder Stein atmet Geschichte: Blick durchs Fenster des Bergfrieds.*

Oder verweilen Sie am ehemaligen Milchhäusle, der Station 27 des Rundgangs. Es war bis in die späten 1970er Jahre noch Kommunikationsmittelpunkt im Städtle, damals, als die Bauern reihum in der Morgenfrühe ihre Milch hier ablieferten, die anschließend in die Bezirksmolkerei Ingelfingen gebracht wurde. Zwar steht hier heute ein Wohnhaus, aber die Erinnerung daran ist geblieben …

■ *Denkmal für den berühmten Ritter Götz von Berlichingen – und sein Schimpfwort.*

Auch das ehemalige jüdische Leben in der Stadt ist dokumentiert. So erzählen Häuser wie das Haus Kuttner, ehemals Rothschild, und Hermann (am Tor), ehemals Müller, bis heute von einem gewissen Wohlstand, andere sehr einfach gebaute vom Leben ärmerer jüdischer Mitbürger. 1875 waren elf Prozent der Einwohner Krautheims Juden, einige von ihnen besaßen Geschäfte in der Stadt. Nichts erinnert mehr an die ehemalige Synagoge – Station 17 in der Brunnenstraße –, obwohl sie im »Dritten Reich« nicht zerstört wurde. Unversehrt erhalten dagegen ist der jüdische Friedhof auf der Neunstetter Höhe.

Das Stadtbild wird beherrscht durch die stauferzeitliche Burgan-lage, die aus der Hauptburg und aus der Vorburg besteht und einen kreisförmigen Bergfried aus Tuff-steinquadern, eine Schildmauer und einen Palas aufweist. Besonders schön sind auch das Eingangsportal zur Burgkapelle und das Torwächterhaus mit filigranem Fachwerk. Der Gang auf die Burg mitsamt Blick von der offenen Plattform lohnt sich!

i **Stadt Krautheim,** Telefon (0 62 94) 98-0, www.krautheim.de

AUSSERDEM

▶ **Landgasthof Krone,** Spezial-angebot »Ritteressen«

KRESSBERG | **Kostproben aus den Wundergärten der Natur**

Kunstnamen für Flächengemeinden sind nicht selten im Südosten Hohenlohes. Dies gilt auch für die Gemeinde Kreßberg, die aus 33 Dörfern, Weilern und Einzelhöfen besteht und keinen namengebenden Mutterort hat. Bezugspunkt für den Namen ist stattdessen die markanteste Erhebung der Gemeinde: der Hohenkreßberg.

Auf der Suche nach einer auch für den Tourismus tragfähigen Gemeinsamkeit wurde man vor einigen Jahren schnell fündig, als man sich auf den landschaftsprägenden Reichtum besann: die Streuobstwiesen. Selbst den bevorzugten Wohnlagen der Gemeinde in Mariäkappel, Waldtann und Marktlustenau sind sie nicht zum Opfer gefallen. Und noch ein Alleinstellungsmerkmal wurde entdeckt: das Backhaus in Leukershausen.

Das Backhaus wurde nach umfangreicher Renovierung seiner ursprünglichen Bestimmung wieder zugeführt. Heimischer Blooz wird

■ *Äpfel aus Kreßberg – direkt zum Reinbeißen.*

hier für angemeldete Gruppen angeboten und dazu sortenreine Kreßberger Säfte aus den »Wundergärten der Natur«. Dahinter verbirgt sich nichts anderes als die alten Streuobstbestände, deren Erträge jedoch nach Sorten klassifiziert worden sind und deshalb auch sortenrein gekeltert werden können. »Natur pur« wird hier vermarktet, es gibt hier nicht einfach gewöhnlichen Apfel- oder Birnensaft, sondern es werden exklusive sortenreine Säfte gekeltert. Diese Säfte haben sich zum Markenzeichen Kreßbergs entwickelt.

Eine der guten Apfelsorten ist der Brettacher, der aus dem Heilbronner Raum stammt und einen unaufdringlichen Saft mit einer harmonischen Säure ergibt, was im Sommer besonders erfrischend ist. Goldgelb ist der Boskoopsaft, und so schmeckt er auch: vollmundig und gehaltvoll. Ähnlich gefärbt mit einem Hauch Gerbsäure ist die österreichische Wasserbirne, die in guten Jahren bis zu 75 Grad Öchsle enthalten kann. Und der Wettringer ist der Apfelbaum quasi aus der Nachbarschaft, dessen feines Aroma ebenfalls wunderbar safttauglich ist.

Dass dieses Markenzeichen stetig weiterentwickelt werden muss, versteht sich von selbst, meint Reinhold Kett, Mitglied im Förderkreis Ökologischer Streuobst-

■ *Reiche Ernte im Streuobstparadies Kreßberg.*

■ *Saftprobe beim Backhaus Leukershausen.*

bau e. V. und Initiator vieler Projekte in Kreßberg, und er hat genügend Ideen entwickelt. So ist die Schule am Kreßberg mit einem Streuobstbestand mit eingebunden und sorgt damit für die Weitergabe des Knowhows an die nachrückende Generation. Ein Obstbau-Lehrpfad wurde ausgewiesen und lädt zum Begehen und Verweilen ein, ebenso ein Bieneninformationszentrum des Bezirksimkervereins Crailsheim. Und in einigen Ortschaften hat sich die Saftidee schon verselbstständigt, wie in Wüstenau, wo man das Apfelfest erfunden hat, einschließlich Vorführungen und Verkostung. Seitdem man mit dem »Safthaisle« in Schnelldorf eine Kelterei gefunden hat, die den Premiumsaft in die praktischen Fünf-Liter-Vorratsboxen abfüllt, ist die Kreßberger Obstinitiative noch besser aufgestellt. Unter dem Namen »Kreßberger Premium« wird vor allem die regionale Gastronomie beliefert, in der alle Säfte zur Probe oder im Ausschank erhältlich sind. Dank Reinhold Ketts Ideenreichtum wird der Premiumsaft inzwischen sogar grenzüberschreitend über die »Fränkische Moststraße« vermarktet.

i Gemeinde Kreßberg,
Telefon (0 79 57) 98 80-0,
www.kressberg.de

AUSSERDEM

▶ **Wallfahrtskapelle** und **Burgruine Hohenkreßberg**

▶ **Schloss** Tempelhof

▶ **Kapelle St. Nikolaus** in Bergertshofen

▶ **Marienkirche** Mariäkappel

KÜNZELSAU | **Den Siegeszug der Jeans nacherleben**

Alle tragen sie und keiner möchte sie missen: die Jeans – als Hose, Jacke, Bluse, als Rock bis hin zum Dirndl. Fast alle wissen, dass die Jeans ein gewisser Levi Strauss erfunden hat, geboren in der Fränkischen Schweiz und ausgewandert in die USA. Die meisten Hohenloher wissen auch, wer die Jeans in Deutschland auf den Markt gebracht hat und bis heute produziert: die Firma Mustang in Künzelsau.

Das bis in die 1950er Jahre industriearme Hohenlohe ist nicht

■ *Futuristisch: Museum Würth in Künzelsau-Gaisbach.*

gerade der klassische Standort für die Textilindustrie. In der Nachkriegszeit aber wurden auch hier Textilfabriken gegründet, ein wichtiger Wirtschaftsfaktor in diesem ländlich geprägten Gebiet. Dies gilt für die Firma Mustang in besonderer Weise, deren Markennamen laut Umfragen immerhin 87 Prozent der Deutschen kennen.

Gegründet wurde das Unternehmen von Luise Hermann 1932 als Fabrik für Berufskleidung. Ihr Sohn Rolf Hermann und Schwiegersohn Albert Sefranek richteten das Unternehmen nach 1945 neu aus und erlebten dabei stürmische und stagnierende Zeiten. Diese unnachahmliche Firmengeschichte im Blick, stiftete der heutige Firmeninhaber 75 Jahre nach der Gründung ein Museum, in dem sich alle jungen und älteren Jeans-Träger wiederfinden können, sei es im Wandel der Jeansmode im Lauf der Jahrzehnte oder durch die immer wieder wechselnden Verkaufs-, Werbe- und Absatzstrategien.

Pfiffig ist es gestaltet und eingerichtet, das kleine Museum in der Austraße. Die multimediale Inszenierung macht nicht nur die Marke mit dem Wildpferd-Logo erlebbar, sondern vor allem die Geschichte der ersten deutschen Jeans. Diese hängt mit sechs Flaschen guten Hohenloher Obstlers zusammen, die der Firmengründer 1948 in einer Frankfurter Bar gegen sechs originale US-Jeans in verschiedenen Größen tauschte. Diese wurden im Nähbetrieb der Schwieger-

■ *Mustang-Museum in Künzelsau: Jeansmode im Wandel.*

mutter aufgetrennt und aus den Einzelteilen eigene Schnittmuster entwickelt.

Das Museum spiegelt Albert Sefraneks Lebenswerk wider: einen Hosentyp im zerstörten Nachkriegsdeutschland einzuführen, für den es kein Vorbild gab. Die traditionelle Arbeitskleidung der Männer war bis dato weit geschnitten und nicht sehr reißfest, ganz anders als die Segeltuchstoffe der Amerikaner. Es dauerte bis 1958, bis sich zum Originalschnitt auch die Ori-

■ *Als die Jeans das Laufen lernten.*

ginalstoffe in Deutschland durchsetzten. Die revolutionären Hosen erwiesen sich nun als Renner, und die Nachfrage wuchs stürmisch. Künzelsau wurde Herstellungsort der ersten deutschen Damenjeans und der ersten Cordjeans Europas, 1961 folgte die erste Stretch-Jeans und die Kaufhaus-Kette »Kaufhof« nahm Mustang-Jeans in ihr Sortiment auf. Und bis heute ist die Firma in Künzelsau durch ein »Factory Outlet« vertreten, wenn auch die Fertigung der Mustang-Ware inzwischen ganz woanders stattfindet, nämlich bei Auftragsfirmen in Tunesien, Ägypten und in Asien.

i Mustang Museum, Telefon (0 79 40) 125-287 und -350, www.kuenzelsau.de ▶ Stadtverwaltung Künzelsau, Telefon (0 79 40) 129-0, www.kuenzelsau.de

AUSSERDEM

▶ **Altes Rathaus** mit Wappen der »Ganerben«

▶ **Hirschwirtscheuer,** Museum für die Künstlerfamilie Sommer

▶ **Museum Würth** in Gaisbach

▶ **Hotel-Restaurant Anne-Sophie**, in dem behinderte und nichtbehinderte Menschen zusammen arbeiten

▶ **Schloss Stetten,** heute Alterssitz »Residenz Schloss Stetten«, Künzelsauer Burgfestspiele im Juli/August

▶ **Kocherbadebucht,** Flussbad am Kocher mit Freizeitanlage

▶ **Theater im Fluss e. V. Künzelsau** mit Spielstätte Kocherfreibad

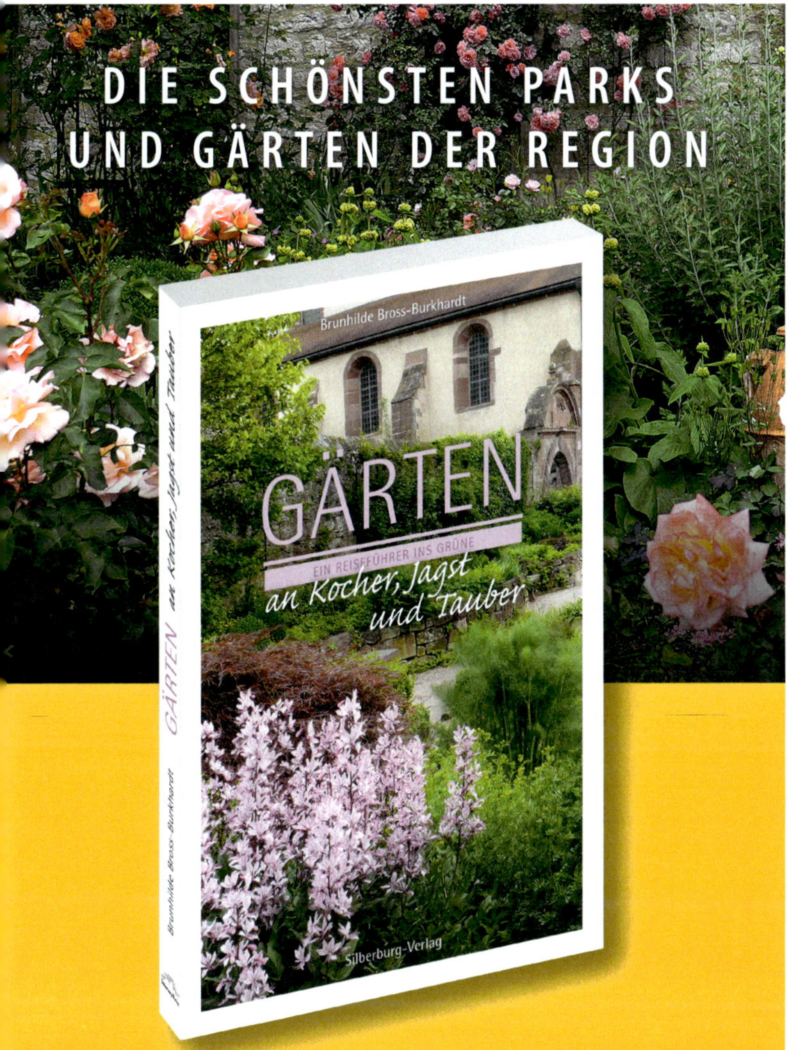
DIE SCHÖNSTEN PARKS
UND GÄRTEN DER REGION
Brunhilde Bross-Burkhardt
GÄRTEN
EIN REISEFÜHRER INS GRÜNE
an Kocher, Jagst und Tauber
Silberburg-Verlag
Brunhilde Bross-Burkhardt GÄRTEN an Kocher, Jagst und Tauber

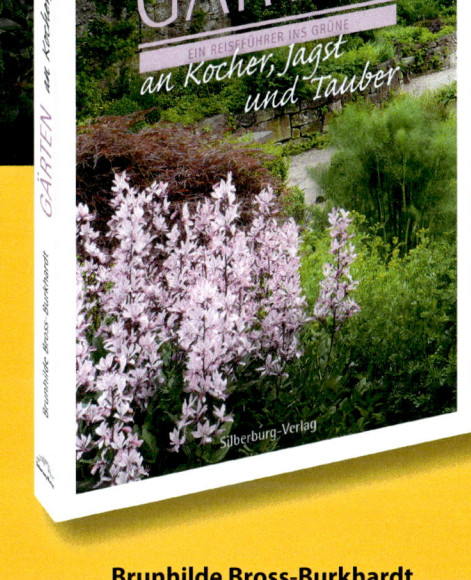

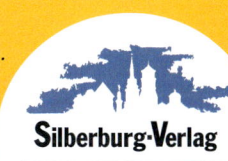

KUPFERZELL | Über Gott und die Welt sinnieren

s gibt viele hohenlohische Friedhöfe, die ein längeres Verweilen rechtfertigen. Auf dem Friedhof von Kupferzell, der auf einer Anhöhe über der Kupfer liegt, sind zwei bereits zu Lebzeiten berühmt gewordene Hohenloher begraben: Carl Julius Weber, der »lachende Philosoph«, und Johann Friedrich Mayer, der »Gipsapostel«. Ob aber der früheren Bischöfin Margot Käßmann der Urheber des Grabspruchs bekannt war, den sie einmal als Witz zum Thema Tod zitierte? Er wird sowohl Carl Julius Weber als auch Heinrich Heine zugesprochen und lautet: »Hier liegen meine Gebeine. Ich wollt', es wären deine.« Tatsächlich gibt der Vers so manchen Anlass zum Nachdenken! Carl Julius Weber wurde am 21. April 1767 im Residenzstädtchen Langenburg als Sohn eines fürstlichen Angestellten geboren. Seine akademische Bildung führte ihn in den Dienst

■ *Hohenlohe-Schloss Kupferzell, erbaut 1720 im Barockstil.*

Denkmal
der Liebe und Dankbarkeit
gewidmet
dem geliebten Bruder
Carl Julius Weber
vormalig Gräfl: Erbach: Hof u. Regierungs
rath, der hier, in ländlicher Einsamkeit,
seine thätige Laufbahn beschloss am
19. Julii 1832. 66. Jahre alt
von
seiner Schwester Henriette Hamer.

Jocosus, non impius vixi,
incertus morior, non perturbatus
humanum est nescire et errare
Ens Entium: miserere mei!!
Ende gut, Alles gut.

■ *Friedhof Kupferzell: Grabmal von Carl Julius Weber und …*

an verschiedenen Fürstenhöfen, nach einem Zerwürfnis kehrte er in seine Heimat zurück und widmete sich der Schriftstellerei, die ihm viel Bewunderung verschaffte, aber aufgrund seines ätzenden Spottes auch Anfeindungen. Den Ruhestand verbrachte er seit 1830 in Kupferzell, wo er erkrankte und am 19. Juli 1832 starb. Seine von ihm selbst gewählte Grabinschrift wurde jedoch von seiner Familie verworfen. Stattdessen heißt es auf seinem Grabstein etwas weniger anstößig:

Jocosus, non impius vixi, / Incertus morior, non perturbatus, / Humanum est nescire et errare, / Ens entium miserere mei.

In zeitgenössisches Deutsch übersetzt:

Ich scherzte gern, doch gottlos lebt' ich nicht. / Ich weiß im Sterben nichts, doch fürcht ich kein Gericht. /

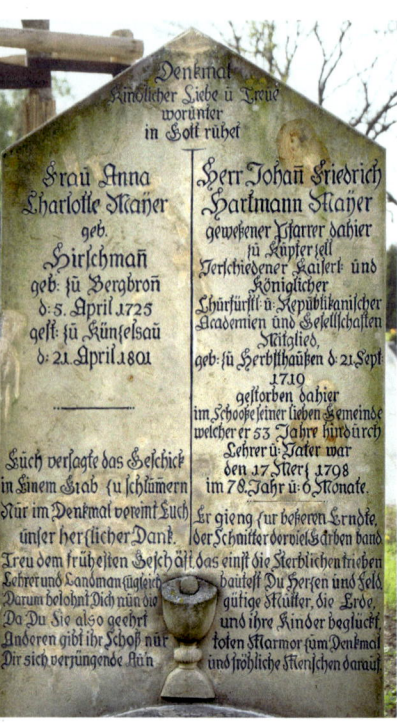

Denkmal
kindlicher Liebe u. Treue
worunter
in Gott ruhet

Frau Anna
Charlotte Mayer
geb.
Hirschmann
geb: zu Bergbron
d: 5. April 1725
gest: zu Künselsau
d: 21. April 1801

Herr Johann Friedrich
Hartmann Mayer
gewesener Pfarrer dahier
zu Kupferzell
Verschiedener Kaiserl: und
Königlicher
Churfürstl: u. Republikanischer
Academien und Gesellschaften
Mitglied
geb: zu Herbsthäußen d: 21.Sept
1719
gestorben dahier
im Schooße seiner lieben Gemeinde
welcher er 53 Jahre hindurch
Lehrer u: Vater war
den 17 Merz 1798
im 78.Jahr u: 6 Monate.

■ … *Grabstätte von Johann Friedrich Mayer.*

*Der Menschheit Loos ist: Irrend, un-
wissend seyn. / Du Wesen aller Wesen! Erbarm Dich mein!*

Nur einen Katzensprung entfernt liegt Johann Mayer begraben, geboren am 21. September
1719 in Herbsthausen. Von 1745
bis zu seinem Tod am 17. März
1798 war er evangelischer Pfarrer
in Kupferzell und daneben von einer bemerkenswerten Produktivität. Er führte die Gipsdüngung zur
Verbesserung der landwirtschaftlichen Erträge ein, plädierte für eine
verbesserte Dreifelderwirtschaft

mit Futterrüben und Kleeanbau,
förderte den Anbau von Mostobst
und die Stallhaltung des Viehs und
verfasste als Pfarrer nicht weniger
als 37 ökonomische Schriften. Die
Verse, die ein guter Freund für
Mayers Grabstätte auswählte, lau-
ten: »Treu dem frühesten Geschäft,
das einst die Sterblichen trieben,
Lehrer und Landmann zugleich,
bautest zu Herzen und Feld. Darum
belohnet dich nun die gütige Mutter, die Erde, da du sie also geehrt
und ihre Kinder beglückt.«

Zwei Leben, zwei Grabinschrif-
ten, viele Interpretationen. Grund
genug, auf einem der vielen historischen Friedhöfen in Hohenlohe
ähnliche schöne Lebensweishei-
ten zu suchen oder sich über die
Endlichkeit des Lebens Gedanken
zu machen. Wenn Sie mehr über
den Schriftsteller Carl Julius Weber
wissen möchten, dann besuchen
Sie am besten sein Geburtshaus
mit einer »Literarischen Gedenkstätte« im heutigen Rathaus von
Langenburg.

i **Bürgermeisteramt Kupferzell,
Telefon (0 79 44) 9 11 10,**
www.kupferzell.de ▶ **Stadt-**
verwaltung Langenburg,
Telefon (0 79 05) 91 02-0,
www.langenburg.de

AUSSERDEM

▶ **Schloss Kupferzell,** heute
**Landbau-Akademie des
Landes Baden-Württemberg**

LANGENBURG | **Sich seinen Traumgarten zusammenstellen**

Als im bitterkalten Januar 1963 Schloss Langenburg in Brand geriet und der Nord- und Ostflügel in Schutt und Asche sanken, bohrte sich das Ereignis tief ins Gedächtnis der Hohenloher ein. »Ex flammis orior« – aus Flammen erhebe ich mich –, der Wahlspruch des Hauses Hohenlohe, erhielt durch den Wiederaufbau des Schlosses eine besondere Bedeutung, und ihrem Fürsten Kraft von Hohenlohe-Langenburg zollten die Langenburger Respekt, weil er dies durch den Verkauf des Schlosses Weikersheim erst möglich machte. Seit 2004 ist dessen Sohn, Philipp Fürst zu Hohenlohe-Langenburg, Schlossbesitzer.

Verändert hat sich seither einiges, und dies nicht zum Nachteil von Stadt und Schloss. Neben den klassischen Touristenattraktionen – die Schlossführungen und der Besuch beim ehemaligen »Hofkonditor«, der die original Langenburger Wi-

■ *Traumblick auf Schloss und Stadt Langenburg.*

bele, das kleinste Vanillegebäck der Welt, herstellt – wurden neue Ideen kreiert, die Langenburg bekannt machten. Seither wird im Schloss und seinen Parkanlagen geheiratet, geklettert und mit Pfeil und Bogen geübt. Oldtimer befahren unter großem Zuschauerinteresse bei der »Langenburg historic« im April die Steige nach Bächlingen hinauf und hinunter und die »Langenburger Herbsttage« lassen grüßen. Selbst das Automuseum erstrahlt seit 2012 in neuem Glanz und bietet neben den Autos auch die dazugehörigen Autogeschichten an.

Überstrahlt wird das alles jedoch von den »Fürstlichen Gartentagen«. Ganz Langenburg ist in Aufregung und der Bergsporn wird zum Nadelöhr, wenn Anfang September plötzlich 25 000 Besucher herbeiströmen, um den Schlossvorhof, die Parkanlagen und den Innenhof unsicher zu machen. Der Zulauf ist einfach gewaltig: Die Angebote der Kunsthandwerker sind speziell, die gärtnerische Vielfalt groß und die Verführungen, aus seinem Garten mehr zu machen als bisher, zu verlocken! Und dazu gibt es die passenden kulinarischen Genüsse, wenn Stauden, Orchideen, Rosen in allen Farben und dekorative Gartenaccessoires nicht genügen. Dringend gebraucht werden vom gärtnerischen Aspekt wohl die wenigsten der hier angebotenen Dinge, und Spaten, Schaufel und Komposter sucht man hier vergebens. Aber dafür findet man hier alles, was den Garten und die Wintergärten schöner macht.

■ *Freie Auswahl für Gartenfans bei den Fürstlichen Gartentagen auf Schloss Langenburg.*

■ *Kleine Ruhepause im barocken Schlossgarten gefällig?*

Gegen Verkaufsstress und Hektik gibt es die »Oasen der Ruhe«, das marokkanische Teezelt, das Schlosscafé oder für die ermatteten Kinder der Stand von Albert Retzbach mit dem Bauernhof-Eis.

Auf den Gartentagen werden große Geschäfte abgewickelt und die von weither angereiste Kundschaft scheint zahlungskräftig zu sein. Sonst wäre es nicht zu erklären, dass die über 160 Aussteller jedes Jahr um ihren Standplatz buhlen.

i Schloss Langenburg, Fürstliche Verwaltung, Telefon (0 79 05) 9 41 90-0, www.schlosslangenburg.de
▶ Stadtverwaltung Langenburg, Telefon (0 79 05) 91 02-0, www.langenburg.de

AUSSERDEM

▶ **Schloss Langenburg** mit Schlosscafé, Deutsches Automuseum, Kletterpark

▶ **Mawell-Resort,** Wellness- und Hotelanlage am »Roseneck«

▶ **Keltische Viereckschanze** östlich von Langenburg

▶ Sehenswerte **Dorfkirchen** in Bächlingen und Unterregenbach (mit romanischer Krypta)

▶ **Archenbrücke** (gedeckte Holzbrücke) in Bächlingen, die längste freitragende Holzbrücke Deutschlands in dieser Bauweise

▶ **Archenbrücke** in Unterregenbach

MAINHARDT | **Römische Spuren entdecken**

Der äußerste Westen Hohenlohes ist auch das Land des römischen Limes, die übrige Hohenloher Ebene ist von römischen Zeugnissen frei geblieben. Obwohl gleich mehrere Gemeinden Anteil am Limes haben – Mainhardt, Pfedelbach, Öhringen, Zweiflingen, Jagsthausen, Schöntal, Widdern –, bleiben wir im Luftkurort Mainhardt hängen. Hier sind nicht nur die Reste des Limes im Gelände am besten erhalten, sondern es gibt auch ein kleines Römermuseum, das besonders als Endpunkt einer Tour durchs Limesland bestens geeignet ist. Nachdem der Limes als bekanntestes archäologisches Denkmal in Deutschland auch als UNESCO-Welterbe ausgewiesen wurde, ist sein Verlauf so gut dokumentiert, dass auch die Erwanderung eines Teilstücks spannend ist. Auch Stre-

■ *Palisadennachbildung des Obergermanischen Limes bei Mainhardt.*

■ *Römischer Wachturm bei Geißelhardt.*

ckenwanderungen sind möglich mit Hilfe von Bus und Bahn.

Was erwartet uns in Mainhardt? Wenn wir am Römermuseum beginnen, verweisen dort schon die an der Außenmauer aufgestellten Weihesteine auf den Standort eines Kohortenkastells mit einer etwa 500 Mann starken Reitertruppe. Das teilweise rekonstruierte Kastell auf der Höhe war 177 Meter lang und 142 Meter breit. Mehrere Stationen begleiten den Verlauf des Limes nach Süden: Da gibt es ein weiteres Kleinkastell in Mainhardt selbst und eine Informationstafel unmittelbar an der B 14 neben der Nachbildung einer Palisade. Weitere Tafeln informieren über die Erforschungsgeschichte des Limes, die Verzahnung des Limes

mit der Reichsstadtgrenze der »Haller Landheg« am »Hofbergle«, das Kleinkastell Hankertsmühle im idyllischen Rottal und den Wachtturm im Färberwald.

Wenn immer Sie das Gefühl haben, der schnurgerade Verlauf des Limes wäre eintönig, dann muss man sich spätestens südlich von Grab die Frage stellen, wie es den Römern möglich war, den Limes in einem nahezu schnurgeraden Verlauf über 80 Kilometer von Welzheim bis in den Odenwald durch eine von vielen Bergen und Tälern geprägte Landschaft anzulegen. Wir bestaunen auf dem Heidenbuckel südlich von Grab die beeindruckende Steinturm-Rekonstruktion. Was es wohl damals bedeutete, im Lande der »Barbaren« Wachsoldat zu sein, vor

■ *Römermuseum in Mainhardt.*

allem in der Zeit der Alamanneneinfälle im 3. Jahrhundert n. Chr., bis der Limes schließlich von den Römern ganz aufgegeben wurde?

Vielleicht begegnen Sie sonntags, wenn der Turm geöffnet ist, bei Ihrer ganz privaten Erkundung auch einem männlichen oder weiblichen Limes-Cicerone. Egal ob mit oder ohne Führung, der Limes-Lehrpfad »Mainhardter Wald« durch eine abwechslungsreiche Landschaft wird Ihnen unvergesslich bleiben. Wenn Sie eine Erinnerung daran haben wollen: Die Maßstabfabrik Mainhardt stellt aus einheimischer Hainbuche einen wunderschönen Meterstab her, auf dem die wichtigsten Stationen des 550 km langen Römerwalls in Deutschland abgebildet sind.

ℹ️ Rathaus Mainhardt,
Telefon (0 79 03) 91 50-0,
www.mainhardt.de,
www.limes-in-hohenlohe.de

AUSSERDEM

▶ **Römermuseum** im »Schlössle«, ehemaliges Jagdschloss mit Kapelle

▶ **Glasbläserbrunnen** auf dem Marktplatz

▶ **Fuxi-Naturerlebnispfad** in Mönchsberg

▶ **Pahl-Museum** in Gailsbach, Maler aus der Schule Adolf Hölzels

▶ **Forellenparadies** in Frohnfalls

MICHELBACH AN DER BILZ | **Sich den Traum vom Fliegen erfüllen**

Vielleicht haben Sie ja schon immer davon geträumt, einmal mit dem Gleitschirm in die Luft zu gehen, die Welt von oben zu betrachten und sich vom Wind tragen zu lassen? Dann können Sie sich diesen Traum in Michelbach an der Bilz erfüllen: Seit 1983 betreibt Hermann Brodbeck dort seine Flugschule und macht die Hänge im Jagst- und Kochertal, vor allem aber den heimischen Hausberg Einkorn unsicher.

Man muss also nicht weit fahren, um das besondere Feeling des Hängegleitens zu erleben. Wenn dazu noch ein markanter Abhang hinzukommt und der Tandempartner Sicherheit ausstrahlt, dann sind Sie um ein Erlebnis reicher. Hermann Brodbeck verspricht: »Das Alter spielt keine Rolle, lediglich eine gewisse körperliche Fitness ist erforderlich, und von 30 bis 100 Kilogramm Körpergewicht sind Sie dabei.«

■ *Kursteilnehmer des Gleitschirmlehrgangs bei Gschwend.*

Zu Beginn machen wir erst einmal einen Tandemflug. Der Tandemgleitschirm hat eine größere Fläche, etwa 40 Quadratmeter, und der Passagier befindet sich vor dem Piloten. Beide sind mit Hilfe eines speziellen Tragesystems mit dem Gleitschirm verbunden. Wie lange der Startlauf ist, hängt von der Windstärke ab, die Dauer des Fluges zusätzlich von der Thermik und den Aufwinden. Eine sanfte Landung ist die Krönung: Der Pilot reduziert zuerst die Fluggeschwindigkeit, dann müssen beide noch einige Schritte am Boden auslaufen, bis der Schirm in sich zusammenfällt.

Wer mehr wissen und erleben will, kann einen Schnupperkurs buchen, bei dem man einen ersten Einblick in das Handling eines Gleitschirms erhält, die Starttechnik kennenlernt und kleine Übungsflüge mit geringem Bodenabstand macht. Der Kurs findet im nahe gelegenen Gschwend am dortigen Skihang statt. Für einen ersten Höhenflug mit Fluglehrerbetreuung ist allerdings ein Kompakt-Grundkurs erforderlich, der an einem Wochenende die fachkundige selbstständige Beherrschung des Gleitschirms vermittelt. Bereits ab 14 Jahren kann man mit der Ausbildung beginnen und mit 16 Jahren die Prüfung für den »Luftfahrerschein zum selbstständigen Fliegen« ablegen.

Vielleicht genügt Ihnen aber schon das Zuschauen? Dann ist der Einkorn mit seinen 510 Metern

■ *Mitten im Dorf: das Renaissanceschloss in Michelbach an der Bilz.*

■ *Vereint macht stark: Gleitschirmflieger am Einkorn.*

Höhe und einem weiten Ausblick vor allem nach Westen ebenso als Ziel geeignet. An klaren Tagen sieht man hier die Kaiserberge Rechberg und Hohenstaufen. Die Ruine der ehemaligen barocken Wallfahrtskirche auf dem Bergvorsprung erinnert an das »Wallen auf dem Einkorn«, als diese Kirche den vierzehn Heiligen gewidmet war. 1814 brannte die Kirche nach einem Blitzschlag vollständig aus. Die Reste des Kirchturms wurden zum Aussichtsturm ausgebaut. Die Gaststätte daneben lockt mit einem schönen Biergarten und regionalen Spezialitäten. Wer dann noch nicht genug hat, kann sich anschließend auf dem Einkorn noch auf den Steinzeitweg machen, der an die frühgeschichtliche Besiedlung dieses Berges erinnert. Wenn Ihnen mehr nach

Relaxen ist, dann setzen Sie sich an die Bergkante und schauen den Gleitfliegern oder Drachenfliegern des Hängegleiterclubs Einkorn zu, die hier ebenfalls ihr Refugium haben.

i **Flugschule Brodbeck,** Telefon (07 91) 4 11 51, www.hb-drachensport.com
▶ **Bürgermeisteramt Michelbach/Bilz,** Telefon (07 91) 9 32 10-0, www.michelbach-bilz.de

AUSSERDEM

▶ **Renaissanceschloss,** heute kirchliches Aufbaugymnasium

▶ **Wanderweg Einkorn 1,** Schwäbisch Hall

MICHELFELD | **Den Kulturland-schaftspfad erkunden**

D ass unsere Kulturlandschaft Geschichte atmet, weiß man. Wie man sie anschaulich machen kann, zeigt der Kulturlandschaftspfad Gnadental. Er führt auf 7,8 Kilometern mit 17 Stationen durch die sehr abwechslungsreiche Tallandschaft der oberen Bibers, ein Tal, das trotz seiner Nähe zur Kreisstadt Schwäbisch Hall bis heute nur wenige störende Eingriffe erlebt hat. Und mit »Nonne Helena« als Begleiterin für die Tour springt man geradezu an den richtigen Ort in der Geschichte.

Wie aber kommt die »Nonne Helena« zu solchen späten Ehren? Das Biberstal ist ein Paradebeispiel einer mittelalterlichen Klostergründung, viele Relikte der einstigen Tätigkeit der Zisterzienserinnen sind hier erhalten und greifbar. 1245 wurde das Kloster Gnadental von Ritter Konrad von Krautheim gestiftet. Im Zuge der Reformation hoben es die Grafen von Hohenlohe 1556 endgültig auf und zogen den

■ *Blick über Wagrein ins Biberstal.*

■ *Grabmal der Äbtissin Helena von Hohenlohe im Kloster Gnadental.*

Besitz ein. Die letzte Äbtissin Helena von Hohenlohe, die Namensgeberin von »Nonne Helena«, war bereits 1543 gestorben. Ihr Grabmal steht rechts vom Eingang zur Kirche und trägt die Wappen von Hohenlohe, Württemberg, Oettingen und Savoyen. Seit der Reformation ist die ehemalige Klosterkirche evangelische Pfarrkirche.

Das westliche Kirchenschiff unter der ehemaligen Nonnenempore wurde zum Gemeindehaus umgebaut, daran schließt sich der Vorraum zur heutigen Kirche mit zahlreichen Epitaphien an, neben dem Grabstein des Stifters und seines Sohnes stehen hier auch eindrucksvolle Grabmale von Hohenloher Gräfinnen.

Nun begleitet also Nonne Helena den Wanderer auf einem Weg, der auf asphaltierten Straßen, über geschotterte Feldwege und teilweise auch über Graswege links und rechts der Bibers entlangführt. Man erfährt, wie mühsam es war, einen Mühlkanal für die Nutzung der Wasserkraft zu graben, und warum es so wichtig war, genügend Fischteiche

Hohlweg am Kulturlandschaftspfad oberhalb von Gnadental.

anzulegen. Von denen, obwohl längst aufgelassen, künden immer noch die Dämme, denn großräumige Veränderungen der Landschaft gab es hier nie. Und gleich an zwei Stationen entlang des Pfades kann man Hohlwege sehen, die von den Anstrengungen des Fahrens mit dem Ochsen- und Pferdefuhrwerk zeugen, während am Elendsberg die Hangterrassierung zu sehen ist, die deutlich macht, mit wie viel Mühe man hier um jeden Meter Boden für den Ackerbau gekämpft hat. Station 3 weist auf den Verlauf der ehemaligen Haller »Landheg« hin, eine etwa 200 Kilometer lange Verteidigungslinie des Territoriums der Reichsstadt Schwäbisch Hall, das 1802 ein Gebiet von 330 Quadratkilometern mit etwa 21 000 Einwohnern umfasste. An den Resten dieses im 14. Jahrhundert angelegten Wall- und Grabensystems wäre man ansonsten achtlos vorbeigegangen.

Und der Ort Gnadental selbst? Auch heute sieht man in der Umgebung der Klosterkirche immer noch zahlreiche sehr beengt stehende »Seldnerhäuser«, die die frühere Armut konserviert haben. Noch bis in die 1920er Jahre mussten die Gnadentaler Bauern als Wanderarbeiter ihren Lebensunterhalt verdienen, vorwiegend als Steinhauer.

i Rathaus Michelfeld,
 Telefon (07 91) 9 70 71-0,
www.michelfeld.de
► www.kulturlandschaftspfad.de
► www.naturfreunde-
schwaebischhall.de

AUSSERDEM

► **Stausee Gnadental**
► **Naturfreundehaus Lemberg-haus** oberhalb der Bibers

MULFINGEN | **Einen Theaterabend erleben**

Ja, es gibt sie hier noch, die Welt der Laienspielbühnen auf den Dörfern, allen Unkenrufen zum Trotz. Und es ist nicht mehr nur der Gesangverein oder der Sportverein, der einmal im Jahr ein Bühnenspektakel anbietet, auch die ländliche Kultur ist vielgestaltiger und anspruchsvoller geworden. Da haben es örtliche Theaterensembles bis auf Freilichtspielbühnen geschafft, zum Beispiel in Nieder-

stetten, Reubach und Leofels, spielen Stücke namhafter Autoren und ambitionierter Dramatiker. Von wegen schwäbische »Klamotten« oder angestaubte Schwänke aus dem Alpenraum!

Bewegte Theaterzeiten hat die Dreschhalle in Mulfingen-Hollenbach erlebt, als der Liederkranz Anfang der 1980er Jahre an die örtliche Tradition anknüpfte und die Bretter wiederentdeckte, die

■ *Evangelische Stephanuskirche Hollenbach mit uralter Dorflinde.*

bekanntlich die Welt bedeuten. Progressives Theater nannte man das damals, als man hier unter der Regie von Frieder Münz Stücke von Kerstin Specht, Fitzgerald Kusz oder Gottlob Haag spielte, Stücke, die aufwühlten und aufrüttelten und ein Stück unbewältigter Vergangenheit vor sich herschoben. Hier durfte man Dinge sagen, die man sonst eher ungesagt lässt, und das auch noch im unverfälschten Dialekt.

Zwar hat auch das Dorftheater an Schärfe verloren, aber ein bisschen Gesellschaftskritik darf immer noch sein, vor allem, wenn es gegen »die da oben« in »Schduegerd« oder Berlin geht. Ein solches Theatermekka tut sich zum Beispiel zwischen Jagst und Vorbach auf, wo es rund um Mulfingen und Niederstetten gut und gerne zehn örtliche Laienspielbühnen gibt. »Ganze Kerle« hieß das Erfolgsstück in Hollenbach 2013, und in bewusster Abweichung von der Vorlage wurde unter anderem die Szenerie nach Küau (= Künzelsau), Roud (= Rot), Hachtel und Dörtel verlegt, also in die umliegenden Ortschaften. Solche Änderungen ermöglichen durchaus einen Aha-Effekt.

Und egal, ob der Männergesangverein, der Liederkranz oder der Jugendclub als Veranstalter herhalten, es ist jedes Mal ein Ereignis von Rang, das in der ganzen Umgebung weit oben in der Beliebtheitsskala steht und alle Familienmitglieder der Beteiligten

■ *Hohen Unterhaltungswert bieten die örtlichen Theaterbühnen.*

■ *Einfach sehenswert: Laienspiel in der Dreschhalle Hollenbach.*

oft wochenlang beschäftigt. Und manchmal gibt es ein fulminantes Finale mit »standing ovations« wie beim oben genannten Stück, dass darüber der Hallenboden erzittert. Nicht nur die Einheimischen, sondern auch Gäste haben jede Menge Spaß. Und alle müssen eng zusammenrücken, damit auch jeder in der Halle Platz findet. Nur eines ist Pflicht: rechtzeitiges Vorbestellen der Karten!

i Bürgermeisteramt Mulfingen, Telefon (0 79 38) 90 40-0, www.mulfingen.de
▶ www.niederstetten.de
▶ www.erlebnis-mittleres-jagsttal.de

AUSSERDEM

▶ Katholische **Kirche St. Kilian**
▶ **Pfad der Stille,** Wanderpfade um Mulfingen mit Sehenswürdigkeiten
▶ Geführte **Jagsttal-Wiesen-Wanderung** im Mai
▶ **Wallfahrtskirche St. Anna** unterhalb von Jagstberg
▶ **St.-Stephanus-Kirche** in Hollenbach mit uralter Linde
▶ Größte **Lourdes-Grotte** im süddeutschen Raum in Zaisenhausen

NEUENSTADT AM KOCHER | Auf Mörikes Spuren wandeln

Um es gleich vorweg zu sagen: In Hohenlohe gibt es bis heute noch keinen Dichter von Weltruhm, es spielt aber in literarischen Stoffen durchaus eine beachtliche Rolle. Auch Eduard Mörike ist beileibe kein hohenlohischer Schriftsteller, aber seine Bezüge hierher sind sehr eng und so gut dokumentiert, dass Hohenlohe neben dem Mörike-Museum in Cleversulzbach auch eine touristische Mörike-Straße verdient hätte.

Wir beginnen unsere Spurensuche in Cleversulzbach, wo Eduard Mörike (1804–1875) als 30-Jähriger nach Jahren unsteter Vikarstätigkeit in Württemberg schließlich eine Pfarrstelle erhielt. Hier verbrachte er immerhin neun Jahre seines Le-

■ *Originalmanuskript Eduard Mörikes mit Schreibfeder.*

■ *Grabmäler von Charlotte Mörike und Elisabetha Schiller.*

bens. Zeiten höchster literarischer Produktivität wechselten mit Phasen, in denen latente Schwermut und rheumatische Leiden vor allem in seiner wehmütigen Lyrik durchschimmern: Hier dichtete er, was er am eigenen Leibe erfahren hatte: Lieder von Liebe, Treue und Untreue wie »Josefine«, »Das verlassene Mägdlein«, »Die Schwestern« oder »Agnes«, aber auch Balladen wie »Der Feuerreiter« und seine berühmten Naturgedichte.

Nach seiner Pensionierung fand er mit seiner Schwester Klärchen zunächst einen Unterschlupf im Pfarrhaus seines Freundes Wilhelm Hartlaub in Wermutshausen, wo es heute eine Gedenkstube gibt. Seine Wanderungen in die Umgebung führten ihn auch zur Laudenbacher Bergkirche, der er eine ganz persönliche Liebeserklärung widmete: »O liebste Kirche sondergleichen«. Im Frühjahr 1844 nahm Mörike Quartier in der Oberen Herrngasse 7 in Schwäbisch Hall, wo ihm vor allem die Michaelskirche imponierte und er auch zum begeisterten Fossiliensammler wurde. Danach lebte er mit Klärchen in Bad Mergentheim, mitten in der Stadt im stattlichen Eckhaus Marktplatz/Burgstraße. Sein peni-

später dauerhaft in Stuttgart seinen Lebensabend zu verbringen – nach Ehekrisen von seiner Gattin getrennt.

Am nächsten kommt man dem Dichter heute im Mörike-Museum Cleversulzbach. Hier gibt es im ehemaligen Schulhaus nicht nur die Möglichkeit, Mörikes Leben kennenzulernen, sondern es ist ein lebendiges literarisches Kleinmuseum entstanden, mit Ausstellung, einem etwa 1,5 Kilometer langen Mörike-Pfad, einer originalgetreuen Kopie des »alten Turmhahns« und dem Grab von Mörikes Mutter auf dem Friedhof, das direkt neben dem von Schillers Mutter liegt. Als junger Pfarrer hatte er sogar ein Gedicht mit dem Titel »Auf das Grab von Schillers Mutter« verfasst. Mörike selbst wurde am 6. Juni 1875 auf dem Stuttgarter Pragfriedhof beigesetzt.

■ *Evangelische Kirche und Mörike-Museum in Cleversulzbach.*

bel geführtes Haushaltungsbüchlein aus dieser Zeit ist im dortigen Deutschordens-Museum zu sehen. Schwäbisch Hall kannte er von einem Kuraufenthalt im Sommer 1837 und pries damals schon die Heilwirkung der Bitterquellen, beklagte aber auch den nächtlichen Lärm in den Gaststätten. Und hier im Hause Speeth lernte er, der evangelische Pfarrer im Ruhestand, seine spätere Frau Margarethe aus katholischem Hause kennen, die er erst sechs Jahre später heiratete, um zunächst vorübergehend und

i Stadt Neuenstadt am Kocher, Telefon (0 71 39) 97-0, www.neuenstadt.de ▶ Mörike-Museum Cleversulzbach, Telefon (0 71 39) 97 23, www.moerike-museum.de

AUSSERDEM

▶ **Museum im Schafstall,** Kulturzentrum mit wechselnden Sonderausstellungen

▶ **Freilichtspiele** des Liederkranzes Neuenstadt e. V. im Juni/Juli

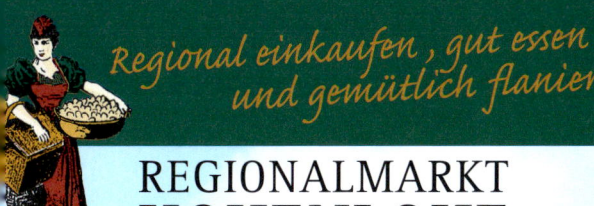

REGIONALMARKT
HOHENLOHE
— Ländliches Marktzentrum —

Die Mohrenköpfle Gastronomie
lädt Sie täglich ein, unsere Hohenloher Spezialitäten in vollen Zügen zu genießen. Die Gastronomie
bietet 135 Sitzplätze und im Sommer hat der Biergarten mit über 200 Plätzen geöffnet. - Ideal zum
Ausrichten von Feiern und Jubiläen sowie für Bus-
reisegruppen.

Die Fleischtheke
mit täglich frischen Echt Hällischen Fleisch- und
Wurstwaren aus unserer regionalen und artgerechten
Erzeugung, hergestellt nach unserem Reinheitsgebot.

Die Bäuerliche Markthalle:
Bio-Käsespezialitäten aus der Region • Bio-Bau-
ernbrot, Backwaren & Konditorei • Blumen und
Pflanzen • Bio-Obst und -Gemüse aus der Region
• Edeka-Zusatzsortiment • Führungen durch den
Bio-Kräuter- und Bauerngarten.

Umweltfreundliches Energiekonzept:
Zwei Photovoltaikanlagen, Solartank-
stelle, Regenwasserernte, Heizung aus
Biogas, Grünes Klassenzimmer, Schwäbisch-Hällische Schweineweide.

Ein Projekt der

**BÄUERLICHEN
ERZEUGERGEMEINSCHAFT
SCHWÄBISCH HALL**   www.besh.de

Birkichstraße 10 | 74549 Wolpertshausen, direkt an der B14
und Autobahn A6, Ausfahrt ④④ Wolpertshausen
Telefon: (07904) 9 43 80-10 | www.regionalmarkt-hohenlohe.de
Öffnungszeiten: Montag bis Samstag 7-20 Uhr | Sonntag Schautag

NEUENSTEIN | **Den Kultursommer genießen**

Hohenlohe als Genießerregion zu entdecken ist das eine, Hohenlohe als Kulturregion das andere. Maßgeblichen Anteil, Hohenlohe als Kulturregion zu etablieren, hat die Kulturstiftung Hohenlohe. Die Erfolgsgeschichte begann 1987. Die Idee war simpel, aber damals neu: den Reichtum an historischen Kirchen, Schlössern und Klöstern unter einem Markenzeichen auch für kulturelle Ereignisse zu nutzen. Mit dem »Hohenloher Kultursommer« sollten historische Musik und historische Räume zu einem ganzheitlichen Erlebnis werden, wobei der Raum oft auch der Weg dahin oder ein Veranstaltungsort im Freien sein kann. Und so finden seither jedes Jahr zwischen Bretzfeld-Geddelsbach im Westen und Schillingsfürst im Osten zwischen Juni und September so viele Veranstaltungen statt, dass ein

■ *Ehrwürdig und stilvoll: Schloss Neuenstein.*

■ *Festliches Eröffnungskonzert des Hohenloher Kultursommers im Schloss Neuenstein.*

70-seitiges Festival-Programm sie kaum fassen kann.

Eines ist über die Jahre hinweg jedoch gleich geblieben: das Eröffnungskonzert in Neuenstein. Dort, im prächtigen Rittersaal des Schlosses, kann man sich musikalisch einstimmen für die nächsten vier Monate, in denen an über 30 Spielorten Konzerte stattfinden. Klassik dominiert, das Spektrum reicht von der Gregorianik über Strauss und Mahler bis zu zeitgenössischen Komponisten. Hinzu kommen spezielle Themen wie »Französische Romantik«, »Maria sprach zu dem Engel« oder »Tango, mi amor«. Kein traditionelles Instrument, das ausgelassen wird, kaum eine Stilrichtung, die unberücksichtigt bleibt, und so ist die Musik der Sinti und Roma genauso vertreten wie Mu-

sik aus Portugal, Irland oder dem Burgenland. Auf diese Weise erlebt man in Hohenlohe die musikalische Welt der Fürstenhöfe Europas damals und die Weltoffenheit musikalischer Einflüsse heute.

An besten planen Sie einen ganzen Tag für Ihr Konzerterlebnis ein, denn Schloss Neuenstein hat's in sich: Die mächtige Wasserburg aus dem 12. Jahrhundert wurde um 1560 unter Graf Casimir von Hohenlohe zu einem großen Renaissanceschloss erweitert. Um 1700 verlegten die Grafen von Hohenlohe-Neuenstein ihre Residenz nach Öhringen, ein Grund, weshalb im Schloss vieles von der Originalausstattung erhalten blieb. Seit 1870 wurde hier der Grundstock für eine Art Familienmuseum der verschiedenen Linien des

■ *Bühne frei für großartige Orchester beim Hohenloher Kultursommer.*

Hauses Hohenlohe gelegt, eines der ersten Privatmuseen Deutschlands. Besonders imponierend sind der Rittersaal, der spätgotische Kaisersaal und die nahezu unverändert erhaltene Küche aus dem 16. Jahrhundert.

Schloss Neuenstein wird bis heute von der fürstlichen Familie zu Hohenlohe-Öhringen bewohnt und ist zugleich Sitz des Hohenlohe-Zentralarchivs mit fast 5000 Regalmetern Schriftgut des Gesamthauses Hohenlohe.

Und das Drumherum? Machen Sie am besten selbst eine Erkundung durch das Städtchen Neuenstein, das einige hübsche historische Gebäude wie das »Alte Spital«, das Rathaus oder die evangelische Stadtkirche besitzt. Je weiter Sie sich von der Hauptstraße entfernen, desto kleiner und einfacher werden die Häuser. Viele lassen bis heute noch den Charakter des Ackerbürgerstädtchens erkennen und zeigen, dass städtisches Wohnen und landwirtschaftlicher Nebenerwerb unter einem Dach bis vor 100 Jahren noch selbstverständlich war.

i **Stadtverwaltung Neuenstein,** Telefon (0 79 42) 1 05-0, www.neuenstein.de ▶ **Hohenloher Kultursommer,** Telefon (0 79 40) 1 83 73, www.hohenloher-kultursommer.de, Ticket-Hotline, Telefon (0 79 40) 1 83 48

AUSSERDEM

▶ **800-jährige Eiche** im Weiler **Emmertshof**

▶ Teilstücke des **HW-8-Wanderweges** des Schwäbischen Albvereins und des **Württembergischen Weinwanderweges**

NIEDERNHALL | **Auf Genießertour das Beste probieren**

Es wäre töricht, einen der Hohenloher Flüsse als den schönsten zu küren. Dazu sind selbst die Zwillingsflüsse Jagst und Kocher zu verschieden, und die in den Main fließende Tauber durchschneidet im Unterland den Buntsandstein. Aber nur am Kocher gibt es einen Panoramaweg, der über einige Kilometer beständig auf der Höhe entlangführt, und dies in der schönsten Weinbauregion Hohenlohes zwischen Ingelfingen und Ernsbach. Von Ingelfingen bis nach Ernsbach ist er auch als Württembergischer Weinwanderweg gekennzeichnet, bis Criesbach ist er ein Teil des Georg-Fahrbach-Weges, benannt nach dem dort geborenen langjährigen Vorsitzenden des Schwäbischen Albvereins.

Da das Wandern in der Gruppe einfach Spaß macht, bietet der Tourismusverband Hohenlohe die »Kochertaler Genießertour« an. Und da

■ *Unterwegs auf der Kochertaler Genießertour.*

der Rückweg auf derselben Strecke nicht halb so schön ist wie der Hinweg, gibt es den »Genießerbus im Stundentakt« auf der 14 Kilometer langen Strecke zwischen Ingelfingen und Forchtenberg. Fünf Gemeinden, etliche Sponsoren und alle ansässigen Weingüter und Kellereien von Rang tragen auf über zehn Stationen mit Darbietungen und Kostproben zum Genuss bei, die von diversen guten Tropfen über Pasta-Taschen bis zum Schnitzel mit Pommes reichen.

Und wie es sich für eine richtige Volkswanderung mit Tausenden von Teilnehmern gehört, sind alle Altersgruppen vertreten. Neuerdings entwickelt sich die Kochertal-Genießertour sogar zum Abend-Event, denn warm genug ist es allemal auf den Südhängen des Kochers. Vielleicht begegnet Ihnen bei einer Einkehr-Station sogar die neue Hohenloher Weinkönigin. Sie wird traditionell beim Criesbacher Weinfest Mitte August gewählt.

Nicht zu verfehlen ist auf der Tour das »Ingelfinger Fass«, gleichzeitig eine der Stationen der Genießertour. Dort hat mitten in den Weinbergen der Ingelfinger Unternehmer Fritz Müller ein Weinbaumuseum im Weinfass gestiftet, dessen Schaufenster ganzjährig geöffnet ist. Er hat hier dem Weinbau ein Denkmal von ganz eigener Art gesetzt und der jahrhundertelangen Tradition und der Arbeit im Weinberg eine Ausstellung gewidmet. Das 2002 fertig gestellte Fass auf 300 Metern Höhe gilt als zweitgrößtes Fass Europas. Es ist

■ *Ein Blickfang: Das Ingelfinger Fass inmitten der Weinberge.*

■ *Genießer beim Probiergläschen mit Hohenloher Weißweinen.*

9,4 Meter hoch, 18 Meter breit und 13,2 Meter tief. Damit ist es so groß, dass es auch für Gesellschaften angemietet werden kann, außerdem ist es zweimal im Jahr für Besucher geöffnet.

Kenner des Panoramawegs schwärmen von der schönsten Zeit des Jahres, dem Herbst, wenn die Blätter im Weinberg sich bunt färben. Dann erst, sagen sie, »schmeggd der Neie« – gemeint ist der neue Wein, der die erste Stufe der Gärung hinter sich hat.

Alle Kochertaler Weinorte sind gute Adressen für ein Viertele, egal ob Sie sich für den Niedernhaller Distelfink oder ein Ingelfinger »Kasimirle« entscheiden. Gekeltert werden die Weine seit der Fusion der Kochertalkellerei in der Weinkellerei Hohenlohe in Adolzfurt (es gibt aber auch einige private Weingüter).

i Touristikgemeinschaft Hohenlohe e. V.,
Telefon (0 79 40) 1 82 06,
www.hohenlohe.de
► www.kochertaler-geniessertour.de
► www.georg-fahrbach-weg.de
► www.ingelfinger-fass.de
► http://niedernhall.de

AUSSERDEM

► **Rathaus** mit schönem Zierfachwerk
► **Solebad** Niedernhall
► **Freibad** mit Freizeitlandschaft
► **Jagdschloss Hermersberg**, in Privatbesitz
► **ebm-papst-Marathon** im September – das Laufereignis in Hohenlohe

NIEDERSTETTEN | Den Höhepunkt des Jahres mitfeiern

Endgültig vorbei sind die Zeiten, in denen montags in Niederstetten immer der Ausnahmezustand herrschte: Der einstmals größte Ferkelmarkt Europas hat Ende 2013 aufgehört. 117 Jahre lang feilschten Bauern und Händler um den Wert der hier »aufgetriebenen« Ferkel, und in den besten Zeiten kamen aus dem weiten Umkreis die Bauern mit ihren Anhängern herangekarrt, bis zu 100 000 Stück im Jahr, bis die Umsatzzahlen einbrachen und sich der Markt für die Stadt nicht mehr rechnete. Auch das Quietschen der Ferkel gehörte allwöchentlich zum guten Ton, zuerst auf dem Marktplatz im »Städtle«, später auf dem großzügigen Gelände des Frickentalplatzes. Aber andere Traditionen leben weiter, und man hat hier im engen Vorbachtal ohnehin gelernt, sich den wandelnden Zeiten anzupassen.

■ *Auftritt der Winzertanzgruppe Niederstetten.*

■ *Beim Herbstfest in Niederstetten ist alles auf den Beinen.*

Die übrigen Märkte beleben den »Steidemer« Kalender in bunter Folge. Der Rossmarkt am Donnerstag nach dem zweiten Montag im Januar ist für Pferdeliebhaber ein Muss. Am zweiten Advent den märchenhaften Weihnachtsmarkt zu besuchen, ist ein Erlebnis im aufgeräumt wirkenden Städtchen, dem die Verkehrsberuhigung sichtlich gut getan hat. Der Höhepunkt ist jedoch das Herbstfest am vierten Wochenende im September. Betriebe, Vereine, Schulen und Stadt tragen gemeinsam dazu bei, dass diese vier Tage rundum ausgefüllt sind. Die Tradition des Weinbaus wird durch die Winzertanzgruppe repräsentiert, auch wenn die Rebfläche im Stadtgebiet mit 25 Hektar vergleichsweise bescheiden ist und sich hauptsächlich auf den Stadtteil Vorbachzimmern beschränkt. Aber die Weinberglandschaft auf fast allen Steilhängen in den Seitentälern ist unübersehbar und zeugt von der über tausendjährigen Geschichte des Weinbaus hier. Grund genug für die Nachfahren der »Häcker«, wie sie hier genannt werden, um vier Tage Festbetrieb mit abwechslungsreichem Programm auf die Beine zu stellen. Die Taubertaler und die Schrozberger Musikanten verbreiten gute Stimmung, und in bunter Folge wechseln Herbstfestlauf für die Sportlichen, Kleintierausstellung für die Hobby-Tierhalter und diverse Attraktionen auf dem

Feuerwerk zum Ausklang des Festes lässt die Stadt in einem bengalischen Lichtermeer versinken und wirkt von der Höhe aus besonders eindrucksvoll.

Wenn Sie außerhalb der Festtage nach Niederstetten kommen und sich für die Geschichte des Weinbaus interessieren: Das Kelter- und Weinbaumuseum im Stadtteil Wermutshausen ist das Einzige seiner Art in Hohenlohe und einen Besuch wert.

i Stadtverwaltung Niederstetten, Telefon (0 79 32) 91 02-0, www.niederstetten.de ▶ Kelter- und Weinbaumuseum Niederstetten-Wermutshausen, Telefon (0 79 32) 77 16 (Claus Mönikheim)

■ *Es war einmal: der Ferkelmarkt in Niederstetten.*

Vergnügungspark ab. Am Montag finden die Kinder bei der »bunten Kinderwiese« genügend Gelegenheit zum Austoben und Spielen. Und wo bleibt bei alledem der »Steidemer« Wein? Kein Problem, denn auch der »Niederstettener Tauberberg«, ein Müller-Thurgau, wird ausgeschenkt, er ergänzt das Sortiment der Weingärtnergenossenschaft Markelsheim.

Höhepunkt am Sonntag ist immer der große Umzug mit Beginn um 13 Uhr. Anschließend findet der traditionelle Winzertanz statt. Das

AUSSERDEM

▶ **Theater- und Kleinkunstszene**

▶ **Weihnachtsmarkt** am ersten Adventswochenende

▶ **Albert-Sammt-Zeppelin-Museum**

▶ **Mörike-Gedenkstube**

▶ 4,5 km langer **Naturlehrpfad** im Vorbachtal

▶ **Keltische Viereckschanze** bei Wildentierbach

▶ Startpunkt des **Württembergischen Weinradweges**, der über Vorbach, Tauber, Jagst und Kocher ins Neckarland führt

OBERROT | **Einen Crashkurs im Golfen machen**

Zwei wirtschaftliche Standbeine hatte das Rottal schon seit jeher: die Waldwirtschaft und die Sägereien. Über die jahrhundertelange Geschichte der Sägemühlen informiert man sich am besten im Sägemühlenmuseum Marhördt. Dort, wo die Witwe des letzten Sägmüllers bis 1996 noch als 87-Jährige selbst Führungen gemacht hatte, gibt es ein Klein-museum sowie einen Lehrpfad, der neben einer kleinen Baumkunde das entbehrungsreiche Leben der Holzhauer, Sägemüller und Fuhrunternehmer im Mainhardter Wald aufzeigt.

Das dritte Standbein ist inzwischen der Tourismus, nicht nur der Radtourismus durchs Rottal, sondern vor allem der Golfsport-Tourismus. Welche Gemeinde

■ *Unverfälscht erhalten: Sägemühlenmuseum Marhördt.*

im ländlichen Raum kann schon gleich zwei Golfplätze vorweisen? Oberrot macht's möglich, denn sowohl in seinem Teilort Marhördt – mit einem 18-Loch-Platz – als auch in Frankenberg – auf einem 9-Loch-Platz – kann dem Golfsport gefrönt werden. Die beiden Anlagen sind kaum fünf Kilometer voneinander entfernt.

Golfen ist fast so etwas wie eine Allwettersportart, denn wenn man erst einmal vom Golfvirus befallen ist, zieht es einen das ganze Jahr über auf den Golfplatz. Konzentration und Bewegungskoordination werden gleichermaßen beansprucht und gefördert. Und Golf wird nach über hundertjäh-

riger Pause 2016 sogar wieder olympisch!

In Frankenberg wird für Anfänger ein Golf-Crashkurs angeboten: Die Ausrüstung wird gestellt. Das Clubhaus steht auch Newcomern offen. »Platzerlaubnis« erhält man nach mindestens drei Monaten und fünf Trainereinheiten zu je dreißig Minuten und einer Einführung in die Regeln. Danach kann es losgehen, und über die Schnuppermitgliedschaft mit mindestens Handicap 54 kann man schließlich Vollmitglied werden.

Golf gespielt wird in Frankenberg seit der Eröffnung der Anlage 1991. Auf etwa 500 Metern Höhe gelegen, vermittelt das abwechs-

■ *Abwechslungsreiche Greens auf dem Golfplatz Frankenberg.*

■ *Persönliche Einweisung auf dem Golfplatz Marhördt.*

lungsreiche Gelände ein Gefühl der Weite, auch wenn man allseits von Wald umgeben ist. Der Jakobsweg führt direkt am Platz vorbei. Die Golfer in Frankenberg schätzen überdies, dass es auch im Hochsommer keine Wartezeiten gibt. »Man kann kommen und spielen«, meint die Gruppe am runden Tisch unisono und sie schwärmen von den traumhaften Sonnenuntergängen. Sie versichern zudem, dass es am Rande dieser Kunstlandschaft sogar Trollblumen und Orchideen gibt, Feldhamster beobachtet worden sind und der Rote Milan seine Kreise zieht. Kein Wunder, dass das Einzugsgebiet der Clubmitglieder bis nach Stuttgart reicht.

Fast genauso jung ist der Golfclub Marhördt, der mit vier Sternen als »Superior« glänzt und ebenfalls über eine eigene Gastronomie verfügt. Der Platz gilt auch unter erfahrenen Golfern als anspruchsvoll, denn bei immerhin elf Spielbahnen

ist Wasser im Spiel. Auf dem Gelände mit 18 Löchern auf 65 Hektar hat man genug Bewegung. Hier darf jedoch die Kleidungs-Etikette nicht vernachlässigt werden!

i Sägemühlenmuseum Marhördt, Gemeinde Oberrot, Telefon (0 79 77) 74-22, www.oberrot.de ▶ Golfclub Marhördt, Telefon (0 79 77) 91 02 77, www.golfclub-marhoerdt.de ▶ Golfclub Oberrot-Frankenberg, Telefon (0 79 77) 86 01, www.golfclub-oberrot-frankenberg.de

AUSSERDEM

▶ Etwa 45 km langes **Loipennetz,** betrieben von den Gemeinden Murrhardt, Oberrot und Großerlach

▶ **Diebachsee** bei Fichtenberg

OBERSONTHEIM | Das Hohenloher Holzhaus besichtigen

Hohenlohe lässt sich glänzend vermarkten, seit aus der reinen Gebietsbezeichnung ein dynamisch wirkendes Markenzeichen geworden ist. So gibt es inzwischen Hohenloher Fruchtsäfte in Schwäbisch Hall, Hohenloher Sprudel und Wolle in Wallhausen, natürlich das wiederentdeckte Boeuf de Hohenlohe, Hohenloher »Mouschd« aus Äpfeln und Birnen und natürlich Wein aus der Weinkellerei Hohenlohe in Bretzfeld-Adolzfurt, um nur eine kleine Auswahl zu nennen.

Was es im klassischen Bauernland Hohenlohe jedoch nicht von Anfang an gab, ist das »typische« Hohenloher Bauernhaus. Zwar war das Fachwerkhaus jahrhundertelang der vorherrschende Bauernhaustyp, es wurde jedoch je nach regionaler Anpassung und verfügbarem Baumaterial erstellt. Entweder wie im Keuperbergland als Eindachhaus ebenerdig aus Sandstein gemauert mit einer aufgeständerten Fachwerkkonstruktion, oder in den Gäulandschaften in Form des fränkischen Gehöfts, ein zur Straße

■ *Hohenloher Holzhaus in Obersontheim-Rappoltshofen.*

◼ *Repräsentatives Bauwerk: Rathaus Obersontheim.*

offener Dreiseithof, mit einem geräumigen Wohnhaus und angebautem Stall und rechtwinklig dazu eine große Scheune. Eine deutliche Aufwertung erhielt es Ende des 18. Jahrhunderts, als das zweigeschossige »Pfarrer-Mayer-Haus« mit massiv gemauertem, ebenerdigem Stalltrakt und einem aufgesetzten Stockwerk aus Eichenfachwerk weite Verbreitung fand.

Auch wenn kaum noch Fachwerkhäuser mit ausgemauerten Gefachen gebaut werden, feiert der Baustoff Holz in Form von Holzständerkonstruktionen fröhliche Urständ. Und gleich zwei Firmen in der Region bieten selbst entwickelte Wohnhäuser unter dem Markenzeichen »Hohenlohe« an. Warum also nicht ein Hohenloher Haus besichtigen? Walter Scheu, »Erfinder« des »Hohenloher Holz Haus«, macht's möglich.

Seit 1984 gibt es im Ortsteil Rappoltshofen die Holzbau Scheu GmbH, und 1996 schlossen sich mehrere Firmen zu einer Interessengemeinschaft zusammen, um ein neuartiges Haus in Holzrahmenbautechnik und daneben einen Komplett-Service anzubieten. Aber was ist daran hohenlohisch? Das sind zum einen die ausführenden Firmen, die aus der nahen Umgebung stammen. Das Baukasten-

■ *Hohenloher Bauernhaus von 1825 in Obersontheim-Herlebach.*

system und die Berücksichtigung individueller Kundenwünsche sind dagegen allgemeine Merkmale moderner Fertighausplanung. Nach umfangreichen Konstruktions- und Vorfertigungsarbeiten wird in vier Tagen das Haus auf die Kellerdecke oder die Betonplatte gestellt. Zusammengenommen ergibt dies ein Niedrigenergiehaus, von dem inzwischen über fünfzig Stück errichtet wurden und das als »schönstes Holzhaus in Baden-Württemberg« ausgezeichnet wurde. Das Besondere daran ist, und darauf schwört der gelernte Landwirt und Zimmermeister Scheu, der »diffusionsoffene Wandaufbau«, bei dem keine Folien oder Styropor verwendet werden, sondern nur natürliche Materialien.

Auch der zweite Anbieter eines »Hauses Hohenlohe«, die Firma Keitel in Brettheim, setzt auf diese Bauweise. Ökologische Qualität made in Hohenlohe!

i Holzbau Scheu GmbH, Telefon (0 79 73) 8 09, http://scheu-holzbau.de ▶ Bürgermeisteramt Obersontheim, Telefon (0 79 73) 6 96-0, www.obersontheim.de, www.buehlertal-tourismus.de

AUSSERDEM

▶ **Schloss Obersontheim**

▶ **Kulturdenkmal, Kleinkunstzentrum und Restaurant Koppenmühle**

▶ **Wochenmarkt** freitagnachmittags mit Angeboten von Direktvermarktern

ÖHRINGEN | **Wohnen mit Zukunft**

Öhringen ist in seiner städtebaulichen Geschlossenheit trotz einiger Stilbrüche die wohl harmonischste hohenlohische Stadt und hat ähnlich wie Schwäbisch Hall den Vorteil, dass der Hauptverkehr außerhalb der historischen Stadtmauer verläuft. Der Verlust des Kreissitzes des Hohenlohekreises an das deutlich kleinere Künzelsau im Zuge der Kreisreform konnte mit der Erhebung zur »Großen Kreisstadt« als Trostpflaster fürs Selbstbewusstsein der Stadt jedoch nicht so ganz ausgeglichen werden.

Erst seit die Autobahn vor der Haustüre vorbeiführt, man sich auf die römischen Wurzeln besonnen hat, den historischen Wert des Gesamtensembles begriffen und mit dem Anschluss an die Stadtbahn schließlich eine passable Verkehrsanbindung in den Neckarraum bis hin in die Rheinebene erhalten hat, ist Öhringen mehr als Hohenlohes

■ *Öhringer Wahrzeichen: Stiftskirche mit Blasturm und Läutturm.*

»Tor nach Westen«. Der innerstädtische Wohnwert ist hier hoch. Das hat gleich mehrere Gründe: Wohnen, Kulturangebot, Freizeitlandschaft und Kinderparadies liegen hier so eng beieinander, dass man kaum ein Auto benötigt. Und das gilt auch für Touristen, die hier Station machen.

Das Herz Öhringens ist der Marktplatz zwischen Stiftskirche und Schloss, den man auf sich wirken lassen muss. Am lebendigsten ist er an den Markttagen. Viele Anbieter und Direktvermarkter kommen aus dem nahen Umkreis, Öhringens Umgebung ist »von der Sonne verwöhnt« und Obst- und Weinbau gibt es hier allerorten.

■ *Renaturierter Bachlauf an der Öhringer Stadtmauer.*

Schulklassen, Gruppen und Vereine nutzen den Wochenmarkt gerne für ihre eigenen Angebote. Nicht selten findet sich auch eine Hochzeitsgesellschaft auf dem Marktplatz ein, denn die fast tausendjährige Stiftskirche mit ihren beiden Türmen bietet das ideale Ambiente für eine Trauung.

Warum Öhringen besonders kinderfreundlich ist, zeigt sich hinter dem Schloss im Hofgarten, heute ein einladender Landschaftspark, in dem im Sommer die Hofgartenkonzerte stattfinden. Über eine kleine Brücke überquert man die Ohrn und erreicht das Bürgerhaus, früher einmal Hoftheater der Grafen von Hohenlohe-Neuenstein-Öhringen. Kinder zieht es zum Tiergehege, denn hier leben Ponys, Esel, Lamas, Hängebauchschweine und Zwergkaninchen dicht beieinander, dazu gibt es ein Vogelhaus und einen Streichelzoo mit Ziegen und Kamerun-Schafen. Und ganz Öhringen ist gespannt, ob sich auch die Kängurus längerfristig wohlfühlen. Die zweite Attraktion ist der Wasserspielplatz an der »Kultura«. Hier wurde der Wasserlauf der Ohrn spielerisch nachempfunden, mit allem, was die Sinne anregt: Flachwasserzonen, Mäandrierung, Stromschnellen und Wasserfälle, Inselbildungen und natürlich die Archimedische Schraube. Man staunt, was man aus einem Bächlein alles machen kann. Getoppt wird das alles nur noch durch die gärtnerische Umgestaltung im Ostteil der Stadt,

■ *Ein Eldorado für Kinder: Wasserspielplatz an der Ohrn.*

wo seit der Landesgartenschau 2016 in der »Cappelaue« Ohrn und der Limes eine Symbiose bilden. Damit präsentiert sich Öhringen nun gleich von drei Seiten als Vorzeigestadt. Des Weiteren gibt es in bester Zentrallage das erste Mehrgenerationen-Wohnprojekt im Hohenlohekreis. Hier wird eine lebenswerte Zukunft gezeigt: eine Vielfalt an Angeboten für alle Altersgruppen.

i Stadtverwaltung Öhringen, Telefon (0 79 41) 68-1 18, www.oehringen.de
▶ Mittendrin e. V., Mehrgenerationen-Wohnprojekt, Telefon (0 79 41) 6 12 47, www.mittendrin-ev.org

AUSSERDEM

▶ **Schloss Öhringen,** heute Sitz der Stadtverwaltung
▶ Gotische **Stiftskirche**
▶ Klassizistische **Karlsvorstadt** mit Oberem Tor
▶ **Weygang-Museum** mit römischen und stadtgeschichtlichen Funden
▶ Privates **Motormuseum und Glasmuseum**
▶ **KULTURa** Kultur- und Tagungszentrum
▶ **Meeresmuseum** in Öhringen-Cappel

PFEDELBACH | **Weihnachtliches Flair genießen**

Manche Orte in Hohenlohe liegen so versteckt, dass man sie nur zufällig entdeckt. Waren Sie schon mal in Ober- und Untergleichen, Gemeinde Pfedelbach? Zwei Orte mit einer Burg, gegründet als Herrschaft von Gleichen, die sogar als namensgebende Linie der Herren von Hohenlohe auftauchte, bis sie 1728 erlosch. Vielleicht ist deshalb das Selbstbewusstsein der Gleichener so groß, dass man 1989 mit anderen kleinen Orten entgegen allen Spielregeln der Gemeinde-reform eine eigene Ortschaft bilden konnte.

Eine tragende Säule von Gleichen ist der Allgemeine Bürgerverein, dessen Zweck die Förderung des Sports und des Heimatgedankens ist und der seit 1975 an jedem dritten Advent zur Waldweihnacht einlädt. Hier kommen nicht nur »Gleichener« her, sondern auch mehrere hundert Gäste, vor allem Familien mit Kindern. Eine Pferdekutsche befördert die etwas Bequemeren zur Naturbühne im Wald.

■ *Die Akteure der Waldweihnacht Gleichen.*

■ *Service für Gäste: Transport mit der Pferdekutsche.*

Dass man sich hier wohlfühlt, liegt trotz der winterlichen Kälte an einem vollen Programm, das von der Tombola mit Selbstgebasteltem und -gestricktem bis zum Streichelzoo reicht. 2012 waren zwei »Mohrenköpfe«, also Schwäbisch-Hällische Landschweine, der Hauptgewinn, früher auch schon mal eine komplette Sauna.

Zum Aufwärmen und zur Stärkung gibt es genug für alle. Höhepunkt ist jedoch nach dem Auftakt mit dem örtlichen Posaunenchor das Krippenspiel der kleinen Gleichener. Die Kinder der Kinderkirche sind die Hauptdarsteller und sie nehmen ihre Rollen überaus ernst. Fast ein Drittel des 220-Seelen-Ortes ist dafür im Einsatz. Und da der Erlös einem guten Zweck in der Region zukommt, ist auch die Bereitschaft zur Unterstützung vorhanden.

Gleichen ist auch im Sommer einen Besuch wert. Mitten durch seine Gemarkung und durch den aufgestauten Gleichener See ver-läuft der römische Limes, der vom Sechseckturm bei Gleichen nach Süden in Richtung Mainhardt gut im Gelände zu verfolgen ist. Und der Gleichener Stausee mit seinen künstlich angelegten Inseln ist zu jeder Jahreszeit schön!

i Gemeindeverwaltung Pfedelbach, Telefon (0 79 41) 60 81-0, www.pfedelbach.de
▶ Allgemeiner Bürgerverein Gleichen e. V., Jürgen Wieland, Telefon (0 79 49) 94 00 75

AUSSERDEM

▶ **Historisches Fürstenfass** von 1752 im Weinmuseum Pfedelbach
▶ **Renaissanceschloss Pfedelbach**
▶ **Weinbaugebiet Heuholz** mit Kellerei und Weinlehrpfad
▶ **Heuholzer Weinfest** Ende Mai

ROSENGARTEN | Erkunden, was vom Haller Salz übrig geblieben ist

Was von der langen und reichen Geschichte der Schwäbisch Haller Salzgewinnung übrig geblieben ist, lässt sich heutzutage am besten in der Gemeinde Rosengarten erkunden. Natürlich kann man auch die ungebrochene Traditionspflege der Schwäbisch Haller Sieder bewundern, die alljährlich an Pfingsten das Siedersfest feiern. Während aber in der Haller Altstadt außer dem Haalplatz (Haal = Salz) nichts mehr an die frühere Saline erinnert, gibt es in der Gemeinde Rosengarten gleich mehrere Denkmäler für die im 19. Jahrhundert prosperierende Salzgewinnung: Dazu gehört das Bergmannsgrab auf dem Westheimer Friedhof, das an die neunzehn Opfer einer tragischen Brandkatastrophe im Salzbergwerk Wilhelmsglück erinnert, der 1983/84 renovierte Stollen-

■ *Das Westheimer Bergmannsgrab.*

■ *Unter Denkmalschutz: der Kochersteg bei der Neumühle.*

eingang und der nahe gelegene Kochersteg. Das Steinsalzbergwerk wurde 1823 errichtet und nach König Wilhelm I. von Württemberg benannt. In der Blütezeit um 1860 wurden über 20 000 Tonnen Salz jährlich gefördert. 150 Menschen arbeiteten hier, hinzu kamen weitere fünfhundert, die als Fuhrleute, Kübler oder Zimmerer tätig waren. Ein Teil des Salzes wurde in gelöster Form über eine Leitung in die Schwäbisch Haller Saline gepumpt und dort weiterverarbeitet. Das Bergwerk bestand so lange, bis in Kochendorf ein wesentlich größeres in Betrieb genommen wurde und das Bergwerk Wilhelmsglück wegen mangelnder Rentabilität im Jahr 1900 stillgelegt wurde.

Historisch bedeutsam und deshalb als Kulturdenkmal eingetragen ist der ursprünglich hölzerne Fußsteg bei der Neumühle, der 1879 durch einen eisernen Steg mit 1,20 Metern Breite ersetzt wurde. Damit konnten die Arbeiter von der rechten Kocherseite zum Salzbergwerk gelangen. Seine Begehung kann mit einer schönen Rundwanderung über die Rosengartener Ortsteile Uttenhofen und Westheim sowie über Wilhelmsglück und Hirschfelden verbunden werden.

> **i** Bürgermeisteramt Rosengarten, Telefon (07 91) 9 50 17-0, www.rosengarten.de

AUSSERDEM

▶ **Bauernhäuser** aus mehreren Jahrhunderten in Uttenhofen

▶ mäandrierender **Kocher** mit schöner Auenlandschaft und Naturschutzgebieten

▶ **Badeweiher Starkholzbacher See** bei Bibersfeld

▶ Schönes Ortsbild und Schlösschen in **Tullau**

ROT AM SEE | Auf die Muswiese gehen

Gleich zwei Jahrmärkte der Gemeinde Rot am See nehmen für sich in Anspruch, die ältesten Märkte Hohenlohes zu sein. In der Tat wurden sowohl der Bartholomämarkt in Beimbach als auch die Muswiese erstmals im Jahr 1434 erwähnt.

Die ungleich größere Bedeutung hat jedoch die Muswiese. Sie ist so tief im Bewusstsein der Hohenloher verwurzelt, dass ihr Besuch einer Pflicht gleichkommt. Die Frage ist deshalb: »Wann gähschd du auf d' Muswies?« Eingefleischte würden sagen: »Jeden Dooch«, und meinen damit mindestens den Muswiesensonntag und die drei Verkaufstage Dienstag, Mittwoch, Donnerstag. Das bedeutet, dass

■ *Grandioser Ausblick vom Riesenrad über die Muswiese.*

man praktisch eine Woche Urlaub dafür nehmen muss. Dass der Muswiesenmontag stets frei ist, weiß hier jedes Schulkind, und es weiß auch, was es kaufen oder »fahren« will, denn zur Muswiese gehört auch ein kleiner Vergnügungspark. Jedoch stehen hier nicht das Vergnügen, sondern die Anschaffungen oder das Kennenlernen im Vordergrund. Dafür gab es früher sogar einen eigenen »Leddichedooch«, wo das Gesinde und die jungen Leute ausschwärmen durften. Heute gibt es in diesem »fliegenden Warenhaus« mit nahezu 300 Verkaufsständen alles, was der erwachsene Hohenloher wie auch das kindliche Herz begehrt: vom »Rattenschwanz« über den Kälberstrick bis zur Mistgabel, Kittelschürzen in allen Farben und Mustern, klassische Unterwäsche für sie und ihn und in allen Größen und Materialien, Pfannen, Töpfe und Kochlöffel, Blumenzwiebeln, Gewürze aller Art und das Neueste aus der Küchentechnik. Nicht einmal das 100 000-Euro-Schnäppchen fehlt in Gestalt eines neuen Traktors und kein Landmaschinenhändler verzichtet freiwillig auf einen der begehrten Standplätze. Schließlich winkt das Geschäft des Jahres, und wenn es nur der Kundenpflege dient und die Unterschrift unter dem Kaufvertrag erst Wochen später erfolgt.

Dass die Besucherzahl immer noch zunimmt, liegt jedoch vor allem an der Ausdehnung der Festivitäten in die Abendstunden.

■ *Auch die Kleinsten wollen hoch hinaus.*

Pünktlich um 18 Uhr schließen die Marktstände und die umfangreiche Ausstellung, während die Gastronomie abends zur Hochform aufläuft. Wer sich jetzt in den Bauernwirtschaften einen Platz ergattert, bleibt am besten die nächsten Stunden sitzen, und für die Festzelte gilt dasselbe. Ländlich-Deftiges dominiert auf der Speisekarte, und nun wird aufgetischt, was der Keller hergibt. Kenner wissen, wo man den besten »Ebiresalood« oder die besten »graachde

■ *Auf den Marktständen der Muswiese ist für jeden etwas geboten.*

Broadwärschd« bekommt oder das Lieblingsbier – es gibt eine Woche lang Überfluss, endlose Gesprächsthemen, rührende Wiedersehensszenen und überraschende Begegnungen.

Natürlich gibt es daneben auch ein offizielles Rahmenprogramm, das entweder in der »Reithalle« oder im Zelt des Bundes der Selbstständigen stattfindet. Nach der Jungviehprämierung am Dienstag braucht man in jedem Fall eine Stärkung, denn der Tag wird lang, erst recht am Mittwoch, wenn abends der historische »Metzgertanz« stattfindet, oder donnerstags, wenn sich zur Kundgebung des Mittelstands hochkarätige Politiker ein Stelldichein geben. Aber es folgt danach ja eine ganzjährige Pause – bis zur nächsten Muswiese!

i Bürgermeisteramt Rot am See, Telefon (0 79 55) 3 81-0, www.rotamsee.de, www.muswiese.com

AUSSERDEM

▶ **Keltische Grabhügel** in den Wäldern sowie Ringwälle im Brettachtal

▶ **Gedenkstätte »Die Männer von Brettheim«** im Rathaus Brettheim

▶ **Burgruine Bebenburg** in Bemberg

SATTELDORF | **Warum es früher bettelarm war und heute steinreich ist**

ie Gemeinde Satteldorf, die sich heute rühmen kann, zu den reichsten Gemeinden Hohenlohes zu gehören, war im 19. Jahrhundert ein Problemfall. Zeitweise wurde die Gemeinde sogar unter »Staatsaufsicht« gestellt! Daran erinnert man sich heute verständlicherweise nicht mehr gerne. Ein Streifzug hinunter ins Jagsttal macht den Wandel deutlich.

Satteldorf gehört zu den Orten, die im Dreißigjährigen Krieg besonders schwer heimgesucht wurden. Der Hauptort selbst wurde damals etwa zu drei Vierteln zerstört und die Wiederbesiedlung dauerte lange. 1705 erst gab es wieder acht ganze, fünf halbe Höfe und 29 Köblergüter – Anwesen mit einer Hofstelle, aber keinem eigenen Gespann – mit nur 195 Einwohnern. Hinzu kam eine extreme Zersplitterung der Besitzverhältnisse. Zu den vielen Grundbesitzern im Gemeindegebiet gehörten auch ortsadlige Familien, die ihrerseits versuchten, neue Untertanen anzusiedeln, ohne

■ *Blick vom Sattelbuck nach Süden über Satteldorf.*

ihnen jedoch ausreichende Lebensgrundlagen zu garantieren. Somit gab es viele Taglöhner, Handwerker und durch das Bevölkerungswachstum im 19. Jahrhundert eine wachsende Zahl »Ortsarmer«, die ihren Lebensunterhalt als Hausierer oder durch Bettelei verdienten. Das Königreich Württemberg versuchte die Ärmsten von ihnen zur Auswanderung zu bewegen. Nicht weniger als 147 Personen wurden aus Satteldorf abgeschoben oder zur Auswanderung gedrängt.

Erst mit der industriellen Erschließung der Steinbrüche im Muschelkalk und Gips war eine neue Wirtschaftsgrundlage gegeben, vor allem seit die Gipsfabrik und die Muschelkalkwerke Schön & Hippelein immer mehr expandierten. Seither erlebt Satteldorf einen Aufschwung. Wenn die Satteldorfer heute etwas bedauern, dann den Teilabriss des Stuttgarter Hauptbahnhofes – wurde doch Paul Bonatz' Meisterwerk, das Wahrzeichen der Landeshauptstadt Stuttgart, aus Satteldorfer Muschelkalk errichtet!

Unbedingt einen Besuch wert ist die idyllisch im Gronachtal gelegene Hammerschmiede Gröningen mit Museum und Gastwirtschaft. Hier kann man bei Führungen erleben, wie ein Hammerschmied vor 200 Jahren sein Handwerk ausübte. Die technische Einrichtung wurde nach eigenen Entwürfen den örtlichen Gegebenheiten angepasst

■ *Auf dem Werkhof der Firma Schön & Hippelein in Satteldorf.*

■ *Unbedingt einen Besuch wert: Hammerschmiede Gröningen.*

und ist weitgehend original erhalten. Wie mühsam es gewesen
ist, den Dampfhammer in Betrieb
zu nehmen und seine Einsatzzeit
optimal auszunutzen, wird an den
Schautagen im Ein-Mann-Betrieb
vorgeführt, wenn der Schmied die
an der Esse erhitzten Werkstücke
über dem Amboss in Form schmie-
det. Der technische Fortschritt
wird anhand der Maschinen und
Werkzeuge aus eigener Erzeugung
sichtbar, ebenso die Geschäftsbe-
ziehungen der Familie Bäuerlein,
die die Schmiede über drei Gene-
rationen betrieben hat.

In anderen Abteilungen des
Museums werden Dampfmaschine
und Dieselmotor bewegt und der
Betrieb einer Ölmühle vorgestellt.
Das Hammerschmiedefest am
letzten Augustsonntag beginnt
mit einem Gottesdienst und die
Gröninger Landfrauen sorgen
tagsüber für das leibliche Wohl.

Weitere Handwerker wie Korb-
flechter, Rechenmacher und Stein-
metze zeigen ebenfalls ihr Können.
Ganz besonders stimmungsvoll
und sehr zu empfehlen ist eine
Nachtschmiedevorführung!

ℹ **Gemeindeverwaltung**
Satteldorf, Telefon (0 79 51)
47 00-0, www.satteldorf.de

AUSSERDEM

▶ **Schloss Burleswagen**

▶ **Anhäuser Mauer** bei Bölgen-
tal, Überreste eines Klosters
mit freistehender Mauer und
Grabdenkmälern

▶ **Heinzenmühlensteg,** gedeckte Holzbrücke über die
Jagst am HW-4-Wanderweg

▶ Privates **Oldtimermuseum** in
Ellrichshausen

SCHÖNTAL | **Die Geheimnisse von Abt Knittel entziffern**

Hohenlohe hat nur wenige für die Nachwelt bedeutende Männer aus dem geistlichen Stand hervorgebracht. Einer davon war der Rechtsgelehrte und spätere Bischof von Bamberg, Lupold von Bebenburg (gest. 1363), aus dessen Adelsfamilie auch der Gründer des Klosters Schöntal, Wolfram von Bebenburg (gest. vor 1163), stammt. Ein weiterer wichtiger Mann war neben den Reformatoren Adam Weiß in Crailsheim, Johannes Brenz in Schwäbisch Hall und dem Pfarrer und Förderer der Landwirtschaft Johann Friedrich Mayer Abt Benedikt Knittel (1650 bis 1732), der wohl bedeutendste Vorsteher von Kloster Schöntal. Er verstand sein Amt universal und gestaltete es dementsprechend vielseitig, vor allem durch eine rege

■ *Die Abtei Schöntal im Jagsttal.*

AVspICe DeO, CoMITe PIETATE
DeIParæ & sanCtorVM patroCInIo
BeneDICTVs In ILLo teMpore ABBAS
MonasterII De speCIosa VaLLe
NOSTRO aLIas referVnt IDIoMATe Schönthal
Deß In reChten sonDerbar Befrelten OrDens Von CIsterß
I. LaPIDeM pontIfICaLIter InItIans
In noMIne DeI + PatrIs & + FILII & + ParaCLetI
MoRe soLennI soLItoqVe beneDICebat
IpsoMet DIe sanC tI PetrIePIsCopI TarantasIens
ANNO MILLeno septIngenteno & InDe oCtaVo
regIMInIsqVe seXto DIe IVLII sVsCeptI XXV
seD fVnDatIonIs sChönthaLensIs DL.

■ *Spielart des Barock: ein geheimnisvolles Chronogramm vom berühmten Abt Knittel.*

Bautätigkeit an der Klosteranlage selbst, aber auch durch seine literarische Arbeit. Diese aufzuspüren und dabei noch ein Stück Kulturgeschichte mitzunehmen, hat in Schöntal sogar einen detektivischen Reiz. Denn der literaturbeflissene Abt Knittel ließ, wo es auch immer möglich war, seine »Chronogramme« einmeißeln, eine Spielart barocker Selbstdarstellung, das heißt, er gab seinen Versen gleich noch die passende Jahreszahl zum Erraten mit!

Ein solches Beispiel ist die Inschrift am Sockel des nördlichen Turmes der Abteikirche, die die Grundsteinlegung für die neue Kirche von Schöntal (= *Speciosa Vallis*) beschreibt. Die Großbuchstaben in der Inschrift sind ein Chronogramm, das heißt, dass man sie als römische Zahlen lesen soll. In dieser Inschrift ergibt sich so zusammengerechnet in jeder Zeile das Jahr 1708 – am 10. Mai 1708 war tatsächlich die Grundsteinlegung.

Über dem Kirchenportal ist zu sehen, wie die Apostel Petrus und Johannes einen Gelähmten heilen, der daraufhin Gott für dieses Wunder dankt. Für das einfache Volk lautet die Botschaft, die Knittel vermitteln wollte: »Folg diesem Exempel des dankbaren Lahmen, verehre im Tempel den Göttlichen Namen. Amen!«

Unter dem kunstsinnigen Abt Knittel erlebte das Zisterzienserkloster in kultureller und wirtschaftlicher Hinsicht seine größte Blüte. Dabei machte er selbst Karriere, wenige Jahre nach seiner Profess empfing er bereits die Priesterweihe, wurde bald Subprior, Novizenmeister und 1683

■ *Grabmal Götz von Berlichingens im Kreuzgang des Klosters Schöntal.*

schließlich Abt. Nach 49 Jahren unermüdlicher Bautätigkeit hinterließ er bei seinem Tod 1732 ein schuldenfreies Kloster.

Seitdem hatte Schöntal allerdings eine wechselvolle Geschichte. Über diese informiert heute ein Informationszentrum in der Alten Abtei, die frei zugänglich ist. Benedikt Knittels Denkmal sollten Sie ebenso besichtigen wie das Grabmal Götz von Berlichingens im Kreuzgang der Abtei.

Und wenn Sie noch mehr Zeit zur Verfügung haben: Gönnen Sie sich einfach eine Auszeit im Bildungshaus der Diözese Rottenburg-Stuttgart, zum Beispiel beim »Frühlingserwachen«, einer Fastenwoche oder einem Paarseminar übers Wochenende. Dann können Sie die barocke Pracht an der Jagst noch intensiver genießen und in der Neuen Abtei nächtigen – immer von Versen von Abt Knittel umgeben.

ℹ️ Bildungshaus Kloster Schöntal, Telefon (0 79 43) 89 40, www.kloster-schoental.de ▶ Gemeindeverwaltung Schöntal, Telefon (0 79 43) 91 00-0

AUSSERDEM

▶ **Wallfahrtskapelle Neusaß**

▶ **Schloss Aschhausen** mit schönem Garten, früheres Schöntalisches Jagdschloss, heute im Privatbesitz

▶ **Jüdischer Friedhof** in Berlichingen

▶ **Badestelle** mit Liegewiese an der Jagst

SCHROZBERG | **Nachschauen, ob es Bartenstein noch gibt**

Bartenstein ist die kleinste unter den planmäßig angelegten barocken Residenzstädten Hohenlohes. Das alles beherrschende Schloss und die Stadtanlage sind so gut erhalten, dass sie als Gesamtheit unter Denkmalschutz gestellt wurden! Es sind neben Schloss und Schlosskirche zahlreiche Häuser aus dem 18. Jahrhundert und auch zwei Stadttore zu sehen, davon viel vom italienischen Baudirektor Andreas Gallasini.

Bei der Gemeinde- und Verwaltungsreform vor über vierzig Jahren wurde das Residenz-städtchen in die viel größere Gemeinde Schrozberg eingegliedert, die daraufhin das Stadtrecht bekam. Das nun zur »Ortschaft« degradierte Städtchen geriet ins Abseits und ein Dornröschenschlaf begann.

Zwei Initiativen hauchten der Stadt wieder neue Attraktivität ein: Man besann sich seiner Geschichte, der historischen Bausubstanz und der reizvollen Natur des Ettetals als Freizeitlandschaft. Es wurde der Lehrpfad »Auf Spurensuche im Ettetal« eingerichtet, der auf zwölf Tafeln anschaulich die naturkundlichen und kulturgeschichtlichen

■ *Malerisch gelegen: Bartenstein und unterhalb das Dorf Ettenhausen.*

Bartensteiner Haustafeln

Rothenburger Tor

Die drei Stadttore von Bartenstein wurden 1767 erbaut und sind repräsentativer Teil der barocken Residenz. Das **Rothenburger Tor** liegt an der alten Ausfallstraße nach Rothenburg und wird **heute Riedbachtor** genannt.

Der Figurenschmuck an der Ostseite zeigt die Büste des **Erbauers** der Stadtanlage **Fürst Ludwig Leopold**, eine Groteske und einen Neidkopf.

Über dem Bogen befand sich bis Mitte 20. Jh. die **Amtsdienerwohnung** mit **Arrestzelle**. Früher warfen Kinder Steine an die Fenster, um die Arrestanten zu ärgern.

A + C Reimann

■ *Haustafel in Bartenstein.*

Besonderheiten rund um Bartenstein und Ettenhausen zeigt. Das Städtchen selbst präsentiert sich heute als lebendiges Museum. Zu vielen Häusern gibt es »Hausgeschichten«, die über die wechselvollen Besitzverhältnisse und über die jeweilige Nutzung Auskunft geben. Man erfährt, nach welchen Gesichtspunkten die Stadt angelegt wurde, welche Stellung den Stadtbürgern zugedacht war, auch architektonische Details werden erklärt. Auf einer privat betriebenen Website wird der interessierte Besucher in knapper Form über alles Wissens- und Liebenswerte von Bartenstein informiert. Das 777-jährige Stadtjubiläum wurde 2011 mit viel Aufwand gefeiert, der Ostermontagsmarkt und das Brunnenfest locken auch viele Auswärtige an, ebenso wie der Tag des offenen Denkmals, an dem

Bartensteins Häuser sich für Besucher öffnen.

Großen Anteil an der Rückbesinnung auf die Geschichte haben Anne und Claus Reimann, die seit 2002 in Bartenstein wohnen. Als Steckenpferd erforschen sie Bartenstein. Sie haben die Haustafeln gestaltet und bieten Führungen durch die barocke Stadtanlage und die Schlosskirche an. Von ihnen kann man auch erfahren, wo die namensgebende Burg »Alt-Bartenstein« aus dem 12./13. Jahrhundert zu suchen ist – ganz versteckt auf einem Bergsporn oberhalb des Eselsbaches und bereits zwischen dem 14. und dem 15. Jahrhundert verfallen.

Eins ist jedenfalls klar: Bartenstein gibt es noch – und wie! Kein Wunder, dass sich hier auch einige Künstlerfamilien niedergelassen haben.

ℹ **Claus Reimann,**
Telefon (0 79 36) 99 03 66
▶ **Stadtverwaltung Schrozberg,**
Telefon (0 79 35) 7 07-0,
www.ort-bartenstein.de
www.bartenstein.net

AUSSERDEM

▶ **Weihnachtsmarkt am dritten Advent**

▶ **Kultur im Schloss Schrozberg und in Bovenzenweiler mit regelmäßigen Kleinkunst-Veranstaltungen**

SCHWÄBISCH HALL | **Das teuerste Bild der Republik bewundern**

Schwäbisch Hall allein ist schon sehenswert, mit seiner einzigartigen historischen Altstadt, einem der schönsten Marktplätze Deutschlands und kulturellen Highlights wie dem Museum Würth oder den Freilichtspielen, die auf der Treppe vor der Kirche St. Michael abgehalten werden.

Und doch scheint es, als wäre dem noch die Krone aufgesetzt worden: Es war ein genialer und

■ *Beeindruckende Kulisse bei den Freilichtspielen in Schwäbisch Hall.*

■ *Die »Schutzmantelmadonna«*
von Hans Holbein dem
Jüngeren.

perfekt eingefädelter Schachzug
des Künzelsauer Unternehmers
Reinhold Würth, klammheimlich,
aber wohlüberlegt die »Schutzmantelmadonna« von Hans Holbein dem Jüngeren im Januar 2012
nach Schwäbisch Hall zu holen, um
sie künftig in der Johanniterkirche,
einem säkularisierten Kirchenge-
bäude aus dem 12. Jahrhundert,
auszustellen. Die »Schutzmantelmadonna« gehört zu den berühm-
testen, bedeutendsten und schönsten Altmeistergemälden der Welt
und ihr Schöpfer Hans Holbein der
Jüngere zu den herausragenden
Künstlern des 16. Jahrhunderts.
Den schon vorhandenen »Alten

Meistern« wurde damit die Perle
hinzugefügt, die noch fehlte, und
Schwäbisch Hall wurde endgültig
zur Kunstmetropole. Mit dem Bau
der Kunsthalle Würth und dem
später hinzugekommenen ehemaligen Sudhaus mit schöner Dach-
terrasse entstand ein Kunstviertel,
das zudem die im Schatten der
Kernstadt liegende Vorstadt »jenseits Kochers« auch städtebaulich
entscheidend aufwertete.

Vielleicht konnte der Kunst in
Deutschland und Schwäbisch Hall
speziell ja nichts Besseres passie-
ren als dieses wohl teuerste je hier
gekaufte Bild – Schätzungen gehen von bis zu 60 Millionen Euro
aus. Nun steht das Bild mit dem
Titel »Madonna des Bürgermeis-
ters Jakob Meyer zum Hasen«,
das auch »Darmstädter Madonna«
genannt wird, neben Werken von
Holbeins Vater Hans Holbein dem
Älteren, Lucas Cranach dem Älteren, Hans Suess von Kulmbach,
Andreas Haider und Skulpturen
von Tilman Riemenschneider und
seiner Schule.

Das Bild selbst erschließt sich
erst nach eingehender Betrach-
tung. Man muss es als religiös-
politisches Bekenntnis eines ein-
flussreichen Baseler Stadtadeligen
sehen. Hans Holbein war in den
Wirren der Reformation ins Ausland gegangen, das Bild malte er
dort 1526. Es ist Ausdruck renais-
sancezeitlicher Selbstdarstellung,
aber zugleich noch der Marien-
frömmigkeit verhaftet. Zu sehen
ist die stehende Gottesmutter mit

Einfach besser unterwegs
im Landkreis Schwäbisch Hall

Fahrradmitnahme in den Nahverkehrszügen im Landkreis kostenlos

www.kreisverkehr-sha.de

KreisVerkehr
Bus und Bahn im Landkreis
Schwäbisch Hall

kreisverkehrsha

■ *Architektur der Gegensätze: Kunsthalle Würth und Schwäbisch Haller Altstadt.*

dem Christuskind im Arm, in einer mächtigen Muschelnische. Ihr weit geöffneter Umhang ist über die zu ihren Füßen knienden Figuren, den Baseler Bürgermeister Jakob Meyer, seine Frauen und die Tochter, gelegt.

Im ersten halben Jahr seit der feierlichen Präsentation am 22. Januar 2012 hatten die Schutzmantelmadonna bereits 75 000 Menschen gesehen, was die hausinterne Kalkulation weit übertraf. Und das Schönste: Der Eintritt ist frei, lediglich für die öffentlichen Führungen sonntags wird Eintritt erhoben.

i Tourist Information, Telefon (07 91) 7 51-2 46, www.schwaebischhall.de

AUSSERDEM

▶ **Hällisch-Fränkisches Museum** zur Geschichte der Salzsiederstadt und der Region

▶ **Kloster Comburg** mit Stiftskirche St. Nikolaus

▶ **Kleincomburg** mit Ägidiuskirche

▶ **Hohenloher Freilandmuseum Wackershofen**

▶ **Freilichtspiele** auf der Großen Treppe der Michaelskirche

▶ **Stadtkirche St. Michael** mit berühmter Treppe

▶ **KZ-Gedenkstätte** am Bahnhof Schwäbisch Hall-Hessental

STIMPFACH | **Das schwäbisch-fränkische Grenzgebiet durchstreifen**

In Hohenlohe gibt es jede Menge historischer Grenzen. Die bis heute wohl markanteste Siedlungsgrenze ist allerdings die zwischen Schwaben und Franken, eine Grenze, die zwar nicht direkt sichtbar, aber bis heute von großer Prägekraft ist. Ihr Verlauf ist seit dem Ende der Völkerwanderung mehr oder weniger gleich geblieben und spiegelt sich bis heute im Zugehörigkeitsgefühl und in der politischen und religiösen Landschaft wider. Auch wenn hier wie andernorts die Ansiedlung von Heimatvertriebenen und Flüchtlingen und später die Gemeindereform manches verwischt hat, so gibt es im Bewusstsein der Dorfbewohner immer noch eine klar erkennbare Identität.

Eine Rundfahrt durch die Gemeinde Stimpfach macht dies sichtbar: Mittendurch verläuft hier

■ *Das Rechenberger Schloss ist heute eine Jugendherberge.*

die schwäbisch-fränkische Sprachgrenze. Der Hauptort Stimpfach, geografisch an der Jagst genau in der Mitte zwischen Crailsheim und Ellwangen gelegen, fühlt sich Ellwangen gefühlsmäßig immer noch näher – trotz der kurvenreichen und längeren Straßenverbindung dorthin. Die gefühlte Nähe zur katholischen Fürstpropstei ist größer als die zum evangelisch gewordenen Crailsheim, und so spricht man folgerichtig bis heute in Stimpfach schwäbisch. Noch 1831 gab es hier 343 katholische, aber keinen einzigen evangelischen Bürger, im Ortsteil Randenweiler am anderen Jagstufer lebten dagegen 80 Protestanten und drei Katholiken.

Und warum nun sprechen die evangelischen Christen in der Gemeinde Stimpfach hohenlohisch-fränkisch, die katholischen dagegen schwäbisch? Das ergab sich durch Handelsbeziehungen, herrschaftliche Einflüsse und vor allem durch die Heiratsmärkte. In Weipertshofen orientierte man sich bei der Brautschau zu den evangelischen Dörfern im Norden und Osten, in Stimpfach dagegen nach Süden. Noch komplizierter waren die Verhältnisse in Rechenberg. Die dortige ritterschaftliche Herrschaft wechselte 1555 zum Protestantismus, ein Teil des Dorfes fiel jedoch 1608 als Lehen an die katholische Fürstpropstei Ellwangen zurück. In den Jahrhunderten danach erreichte die Fürstpropstei, dass diese Untertanen wieder katholisch wurden. So gibt es dort bis heute sowohl schwäbisch als auch hohenlohisch-fränkisch sprechende Familien. Heute bilden Rechenberg, Stimpfach und Weipertshofen eine Gemeinde und einen Schulsprengel. Aber es ist bis heute ein Erlebnis, dem fränkischen Dialekt der Weipertshofener zu lauschen und danach in Stimpfach schwäbische Urlaute zu hören.

Des Weiteren kann man hier die stille Schönheit der Gemeinde genießen, die Badeseen wie den Reiglersbachstausee, die Wacholderheiden rund um Weipertshofen oder das Naturschutzgebiet an der einsamen Buchmühle.

■ *Katholische Kirche St. Georg in Stimpfach.*

■ *Kleiner Sandstrand und sattes Grün am Reiglersbachstausee.*

Neben dem »Rössle« gibt es die Möglichkeit, in der Jugendherberge im Schloss Rechenberg unterzukommen, die dort seit 1966 eingerichtet ist. Von hier aus haben Sie einen beherrschenden Blick auf das südlich davon gelegene waldreiche Gebiet der Fürstpropstei Ellwangen. Wenig hat sich hier in den Jahrhunderten verändert, und so fühlt man sich fast ins Mittelalter versetzt, wenn man sich erst einmal im Schloss einquartiert hat. Heute führen hier Melanie Hofmann und Michael Bösemann das Zepter und wachen über das Wohlbefinden der bis zu 99 Gäste.

i **Bürgermeisteramt Stimpfach,** Telefon (0 79 67) 90 01-0, www.stimpfach.de ▶ Jugendherberge Schloss Rechenberg, Telefon (0 79 67) 3 72 ▶ Landhotel Rössle, Telefon (0 79 67) 9 00 40

AUSSERDEM

▶ **Reiglersbachstausee** bei **Weipertshofen**

SULZBACH-LAUFEN | **Den höchsten Punkt Hohenlohes besteigen**

Fragt man einen gestandenen Hohenloher, welches die höchste Erhebung in seiner Heimat ist, reagiert er wohl eher mit Achselzucken. Vielleicht fällt ihm, wenn er in Künzelsau wohnt, Schloss Waldenburg ein, die Crailsheimer nennen sicherlich den Burgberg und in Schwäbisch Hall ist der Hausberg Einkorn unübersehbar. Aber weit gefehlt – obwohl alle diese Berge schon jenseits der 500-Meter-Marke liegen. Seit 2007 ziert der architektonisch kühn wirkende moderne Altenbergturm den höchsten Punkt der gesamten Region Franken. Da er zugleich die höchste Erhebung des Landkreises Schwäbisch Hall darstellt, rechnen wir ihn dem Hohenloher Land zu.

Auf 564 Metern Höhe errichtet, bietet der 38,5 Meter hohe Turm einen prächtigen Rundblick auf die Kaiserberge der Schwäbischen Alb, die Keuperwaldberge, die »blaue Mauer« der Ostalb und die Hohenloher Ebene im Norden. Der Turm mit nicht weniger als 168 Stufen ist jedoch nicht nur ein beliebtes Ausflugsziel, sondern Teil eines Tourismuskonzeptes. Wegen der großen Höhenunterschiede und den nährstoffarmen Böden mit vielen Steilhängen ist der Waldanteil in der Gemeinde hoch, nicht umsonst wird dieser Abschnitt des Kochertales auch als »kleiner Schwarzwald« bezeichnet.

■ *Der Altenbergturm: ein schönes Stück Zimmermannskunst.*

■ *Ausblick vom Altenbergturm: Rodungsinseln in den Limpurger Bergen.*

»Mit den Pfunden wuchern« hieß also hier die Devise, und so entstanden neben dem Altenbergturm der »Wasserweg« durchs Irsbachtal, die »Wasserwelten«, das »Picknickparadies und Traumwiese« sowie die »Limpurger Traditionswege«. Einer der Traditionswege verläuft als Rundwanderweg um den Altenbergturm.

»Land- und Holzwirtschaft«, »Frühe Dorfhandwerker«, »Waldarbeit anno 1897«, »Wildtiere in Wald und Flur«, »Köhlerei in Sulzbach-Laufen« und eine »kleine Baumkunde« sind die Themen der Bildtafeln beim Altenbergturm. Auf den gut markierten Wegen kann man die schöne Landschaft genießen und zugleich die Geschichte der Gemeinde ken-

nen lernen. Und anschließend ist man in der Jausenstation Altenberg unterhalb des Turmes bei einem zünftigen Vesper gut aufgehoben.

i **Rathaus Sulzbach,** **Telefon (0 79 76) 9 10 75-0, www.sulzbach-laufen.de** ▶ **Jausenstation Altenberg, Familie Butzer, Telefon (0 79 76) 91 07 47, www.jausenstation-altenberg.de**

AUSSERDEM

▶ **Schloss Schmiedelfeld** mit Schlosskapelle

▶ **Draisinenbahn (4 km)** von Laufen nach Untergröningen

UNTERMÜNKHEIM | Hohenloher Bauernmöbel bewundern

Vorbei sind auch in Hohenlohe die Zeiten, in denen Antiquitätenhändler von den Bauern das »alte Glumb« aufgekauft und an Liebhaber für teures Geld weiterverkauft hatten. Unwiederbringliche Schätze gingen in den 1960er und 1970er Jahren verloren, weil die Industrie mit billigen, aber eben neuen Möbeln für einen zeitgemäßen Wohnstil sorgte und manche froh waren, endlich den ererbten Bauernschrank oder die Truhe mit ihren Gebrauchsspuren billig entsorgen zu können. Erst spät kam die Rückbesinnung auf historisch Wertvolles.

Wegbereiter dafür waren die Freilichtmuseen, die Heimatmuseen und umsichtige Lokalhistoriker, so wie Karlheinz Wüstner aus Ilshofen oder Frieder Krumrein aus Untermünkheim, die rechtzeitig erkannten, welchen ästhetischen

■ *Dorfplatz von Untermünkheim mit Pfarrhaus, Kirche und Rößler-Museum (links).*

■ *Schreinerwerkstatt von anno dazumal im Rößler-Museum.*

und kulturhistorischen Wert die Bauernmöbel aus Hohenlohe besitzen, namentlich die aus der Untermünkheimer Schreinerdynastie Rößler. Diese gelten als besonders formschön und haben in einem Fachwerkhaus in der Ortsmitte von Untermünkheim einen würdigen Platz gefunden. Der Kultur- und Förderverein Rößler-Museum pflegt auch den Vorplatz, die Visitenkarte des Museums. Die Idee für dieses Bauernmöbelmuseum entstand 1979 im Zuge der Gründung des Hohenloher Freilichtmuseums, so erzählt Frieder Krumrein. Nicht zufällig wurde das Gebäude ausgewählt, denn die nahe gelegene Untermünkheimer Kilianskirche zeugt mit ihren Ausmalungen von Kanzel und Empore ebenfalls vom kunst-

handwerklichen Schaffen Johann Heinrich Rößlers.

Heute besitzt das Rößler-Museum 52 Truhen aus 400 Jahren. Die meisten Bauernmöbel sind allerdings unbekannter Herkunft. Nur manchmal lassen Inschriften und die Art der Bemalung Rückschlüsse auf die jeweilige Schreinerwerkstatt zu. Heute kennt man in Hohenlohe zwanzig ehemalige Werkstätten, denen man bestimmte Bauernmöbel sicher zuordnen kann.

Das Hohenloher Freilandmuseum Wackershofen, der »große Bruder« des Rößler-Museums, liegt wenige Kilometer westlich von Untermünkheim. Mit 64 historischen Gebäuden aus fünf Jahrhunderten dokumentiert es den Reichtum

■ *Bauernhöfe im Hohenloher Freilandmuseum Wackershofen.*

und die Vielfalt bäuerlichen Lebens in Hohenlohe. Tätigkeiten in Haus, Hof und im ländlichen Handwerk werden vor allem an den Aktionstagen vorgeführt. Dann wird nach historischen Überlieferungen geschlachtet, gemolken, gekocht und gesponnen. Feste und Märkte durchziehen die Saison und setzen eigene Schwerpunkte. Die Arbeits- und Lebensumstände der vielschichtigen Dorfbevölkerung, die von Groß- und Kleinbauern, Handwerkern bis zu den Dorfarmen reicht, sind bei einem Museumsrundgang leicht nachzuerleben. Alte Ackerfrüchte und Obstsorten, Bauerngärten aus verschiedenen Zeiten und Biotope gehören zum Museumsdorf, aber auch alte Nutztierrassen wie das Schwäbisch-Hällische Landschwein oder das Limpurger Rind. In den historischen

Räumen des ebenfalls hierher umgesetzten Gasthofs »Roter Ochsen« aus Riedbach zu speisen, ist fast ein Muss für einen gelungenen Tag im Freilandmuseum.

i Gemeinde Untermünkheim, Telefon (07 91) 9 70 87-0, www.untermuenkheim.de
▶ Hohenloher Freilandmuseum Wackershofen, Telefon (07 91) 97 10 10, www.wackershofen.de
▶ Kultur- und Förderverein Rößler-Museum, Telefon (07 91) 9 70 87-0, www.wackershofen.de

AUSSERDEM

▶ **Naturschutzgebiet Kupfermoor** am Rand der Waldenburger Berge

VELLBERG | **Das Gesamtkunstwerk erleben**

Vellberg, die Perle des Bühlertals, in wenigen Sätzen zu beschreiben, ist fast unmöglich, denn jedes Haus des historischen Bergstädtchens hat seine eigene Geschichte. Man kann hier auf engstem Raum Baugeschichte studieren, obwohl das Städtchen so klein ist, dass man es auf dem »Adlerweg« in einein-halb Stunden umrunden kann. Aber Vellberg ist ein Gesamtkunstwerk und ideal für einen Familienausflug.

»Geschichte zum Anfassen« erwartet Sie in Vellberg, wo sich viele Gebäude als »offenes Museum« zeigen und sich eine glückhafte Symbiose von historischer Bausubstanz, zeitgemäßer Nutzung und neuerdings auch von »Kunst im Städtle« ergeben hat. Stellver-

■ *Gusseiserner Stadtbrunnen von 1720 und Rathaus von Vellberg, dahinter das Ganerbenhaus Kammerer, wo sich heute das »Hotel & Café im Städtle« befindet.*

tretend hierfür kann das Obere Schloss mit dem Amtshaus gelten, nach umfangreicher Sanierung seit 2004 Sitz der Stadtverwaltung. Das Untere Schloss liegt auf der früheren Burgstelle der Herren von Vellberg und ist in Privatbesitz.

Noch interessanter ist der einzigartige Vellberger Blick in die Unterwelt. Nach dem Abstieg vom Stadttorturm ist man von meterdicken Mauern und einer schummrigen Beleuchtung umgeben, nur matt fällt das Sonnenlicht durch die schmalen Luftschlitze. Beson-

ders beängstigend ist das Verlies, zu dem es nur einen Zugang von oben gab – das »Angstloch«, durch das die Delinquenten hinabgelassen wurden – und das garantiert ausbruchssicher war.

Vellbergs Geschichte erschöpft sich nicht in den Repräsentativ- und Verteidigungsbauten, sie wird auch im Natur- und Heimatmuseum erlebbar, das über den unterirdischen Wehrgang erreicht werden kann. Von Funden der Keltenzeit bis zu Bauernmöbeln und der Tracht einer eingeheirateten Braut aus Limbach reicht die bunte und schön präsentierte Sammlung des Museums.

Nur die Kirche sucht man im Stadtgebiet vergebens, sie ist auf der gegenüberliegenden Stöckenburg. Die Martinskirche gilt als älteste urkundlich erwähnte Kirche in Hohenlohe.

Im Vellberger Ganerbenhaus Kammerer kann man in sehr gemütlich umgebauten Zimmern wohnen und sich im Café im Erdgeschoss mit dortselbst von der Chefin Katarina Wloch gebackenen Köstlichkeiten verwöhnen lassen.

Etwas Besonderes gibt es auch im Stadtteil Eschenau: Man lasse ein Dutzend Männer, die gerne etwas Neues ausprobieren, in die Küche der »Rose« einfallen und diese unter der Leitung von Jürgen Andruschkewitsch einen Nachmittag lang in Beschlag nehmen. Bei den Kochkursen, die der Gastronom anbietet, geht es um die Geheimnisse einer Küche, die Bodenständigkeit

■ *Geheimnisvoller unterirdischer Wehrgang in Vellberg.*

■ *Meisterkoch Jürgen Andruschkewitsch von der »Rose« in Aktion.*

mit kulinarischer Raffinesse verbindet und dem Gaumen neuartige Geschmackseindrücke beschert. Das Drei-Gänge-Pilz-Menü gibt es natürlich nur im Herbst, der Wildkräuter-Fleisch-Kochkurs mit Kräuterspaziergang und Menü wird dagegen schon im Mai angeboten. Die Kochkurse sind höchst unterhaltsam. Dazu gehört, dass der Bio-Koch mit seiner jahrzehntelangen Erfahrung als Küchenchef seine Küchenphilosophie preisgibt und den Wert selbst angebauter oder regional erzeugter Lebensmittel demonstriert. Dass die Speisekarte der »Rose« wöchentlich wechselt, ist für das Gastronomen-Ehepaar Ausdruck der Wertschätzung ihrer Gäste – aber auch Verpflichtung gegenüber den Auszeichnungen, die ihre Bio-Küche inzwischen erfahren hat.

i **Stadt Vellberg,** Telefon (0 79 07) 8 77-0, www.vellberg.de, www.buehlertaltourismus.de ▶ Bioland-Restaurant »Rose«, Telefon (0 79 07) 22 94, www.eschenau-rose.de ▶ Hotel & Café im Städtle, Telefon (0 79 07) 5 88 01 00, www.hotel-cafevellberg.de

AUSSERDEM

▶ **Weinbrunnenfest** am ersten Juli-Wochenende

▶ **Christkindlesmarkt** am zweiten Wochenende im Dezember

▶ **Mineralfreibad** mit Freizeitzentrum

▶ **Golfclub Schwäbisch Hall** bei Dörrenzimmern

WALDENBURG | Den Traktor- führerschein machen

Seit es die heutigen Führerscheinklassen gibt, haben Besitzer des Autoführerscheins ein Problem: Landwirtschaftliche Zugmaschinen, die mehr als 40 Kilometer pro Stunde schaffen, sind tabu. Dabei geht die Technisierung in der Landwirtschaft immer weiter, die Maschinen werden immer leistungsfähiger und schwerer. Aber es gibt für diejenigen unter Ihnen, die auf einen Bauernhof eingeheiratet haben, oder auch die, die schlicht das Abenteuer reizt, die »ganz Großen« steuern zu können, Abhilfe: 18 Jahre alt müssen Sie

aber sein, um diese Zugmaschinen »unbegrenzt« fahren zu dürfen. Das Mindestalter für die Zulassung zur Prüfung sind 16 Jahre.

Machen Sie doch einfach den T-Führerschein – am besten mit Gleichgesinnten, und zwar dort, wo man die Bedürfnisse auf dem Land kennt: in Hohebuch beim Evangelischen Bauernwerk. Das ist ein gemeinnütziger Verein, der sich für die Bauern- und Landarbeit innerhalb der Evangelischen Landeskirche in Württemberg einsetzt. Seine Bildungsarbeit strahlt weit über die Grenzen Hohenlohes aus. Hier kann

■ *Erfolgreiche Teilnehmer des Traktorführerschein-Kurses.*

■ *Malerisch gelegen: Stadt und Schloss Waldenburg.*

man auftanken, Glaubenserfahrungen machen oder kreative Angebote wahrnehmen – vom Backen im Lehmbackofen bis zum Schweißkurs, vom Filzen bis eben hin zum Führerscheinerwerb der Klasse T.

Das Besondere am Angebot des Evangelischen Bauernwerks ist das Lernen mit anderen Führerscheinneulingen, die ganztägige und ganzheitliche Betreuung und das Gemeinschaftserlebnis in Hohebuch. Dass das Ganze nicht billig wird, ist von vornherein klar, denn der Traktorführerschein hat eben seinen Preis. Und vielleicht wollen Sie sich sogar Ihren Traum-Traktor anschauen? Dann brauchen Sie nur um die Ecke zu gehen, denn bei der BAG-Werkstatt werden Sie bestimmt fündig!

Kommen Sie wieder, denn es gibt ja noch viele weitere Kurse beim Evangelischen Bauernwerk!

i **Evangelisches Bauernwerk in Württemberg e. V.,** Telefon (0 79 42) 1 07-0, www.hohebuch.de ▶ **Stadtverwaltung Waldenburg,** Telefon (0 79 42) 1 08-0, www.hohebuch.de

AUSSERDEM

▶ **Schloss mit Schlosskirche,** historischem Brunnen und Siegelmuseum

▶ **Stadtbefestigung** mit Wehranlage und Türmen, historische Wege um die Altstadt

▶ **Naturschutzgebiete** am Rößlesmahdsee, Entlesboden und Obere Weide

▶ **Goldbachsee**

▶ **Neumühlsee,** ein Badesee mit Campingplatz und Angelmöglichkeiten

WALLHAUSEN | **Das Naturerlebnis-bad ausprobieren**

» Eigentlich können wir uns kein Freibad leisten«, meint Bürgermeisterin Rita Behr in Wallhausen verschmitzt. Tatsächlich gibt es in der Gemeinde sogar zwei davon. »Aber das hat mit einer besonderen Bürgerinitiative zu tun«, ergänzt Rita Behr, und beide Bäder ergänzen sich bestens.

Kenner Hohenlohes wissen, dass es auf der wasserarmen Hohenloher Ebene früher kaum Gewässer gab, die zum Baden geeignet waren. Damit waren auch die Schwimmer eine Minderheit, denn wo hätte man schon schwimmen lernen können? Dass es in Wallhausen anders war, hängt mit der nahe gelegenen Jagst, aber auch mit einem dritten »Bad« zusammen, dem Feuerlöschbecken im 120-Seelen-Nachbardörfchen Schainbach, in den sechziger Jahren ein beliebter Anziehungspunkt vor allem für die

■ *Im Naturerlebnisbad kann man wunderbar relaxen.*

■ *Klein, aber fein: das Familienbad Hengstfeld.*

junge Generation. Die ruhte nicht eher, bis sich die Chance bot, im Hauptort ebenfalls ein Feuerlöschbecken in Verbindung mit einer »Badeanstalt« zu bauen. Und im damals noch selbstständigen Ortsteil Hengstfeld war man mit einem ebensolchen Bauvorhaben sogar noch früher fertig.

Zwei Freibäder zu unterhalten, war für die Großgemeinde nicht mehr bezahlbar, als es um die Sanierung des Hengstfelder Beckens ging. In Wallhausen selbst hatte man die Zeichen der Zeit schon früher erkannt – man beschloss, das Freibad nach einem Teilabriss zum »Naturerlebnisbad« umzugestalten. Dazu brauchte es eine gehörige Portion Mut, denn um bei den Behörden eine biologische Regeneration des Wassers

auch unter dem Aspekt der Gesundheitshygiene genehmigt zu bekommen, musste viel geschehen. Kieselsteine, Holzbohlen und Natursteine traten an die Stelle nackten Betons, Armaturen und Geländer aus Edelstahl, neu verlegte geschwungene Beckenumrandungen sowie eine Bademulde für Kleinkinder mit Sonnensegel geben dem Bad eine Leichtigkeit, die in nichts mehr an den viereckigen Grundriss vergangener Tage erinnert. Und die höchste Wonne für Kinder ist es, von der Rutsche in sanftem Schwung ins Nichtschwimmerbecken zu gleiten. Als Schwimmer wundert man sich auch nicht, wenn plötzlich Schwalben zum Tiefflug ansetzen und ebenfalls den Wasserkontakt suchen.

■ *Frisch renoviert: die ehemalige Synagoge Michelbach/Lücke.*

Zum Konzept einer Badeoase gehört aber noch mehr: eine üppige, nach Südwesten von riesigen Pappeln beschattete Liegewiese, ein Beachvolleyballfeld und weitere Sportanlagen. Zudem gibt es hier noch eine Pizzeria. Selbst im Winter ist das Bad kein »abgeschlossener« Bereich, denn der durch das Gelände verlaufende Spazierweg steht den Spaziergängern immer offen.

Kleiner, aber ebenso schön ist seit der Renovierung das »Familienbad Hengstfeld«. Nachdem die Behörden für dessen Sanierung keine Chance mehr gesehen hatten, bildete sich eine Bürgerinitiative, die das Bad als Verein übernahm. Innerhalb eines Jahres wurde mit wenig Geld, viel Idealismus und fachlichem Knowhow das Bad mit dem unverbaubaren Blick zur Frankenhöhe grundlegend saniert. Der Verein »Familienfreibad Hengstfeld e. V.« führt seit der Wiedereröffnung 2012 den Badebetrieb in eigener Regie.

i Gemeinde Wallhausen, Telefon (0 79 55) 93 81-0, www.gemeinde-wallhausen.de, ▶ www.freibad-hengstfeld.de, www.wasserratten-wallhausen.de

AUSSERDEM

▶ **Kulturprogramm** mit Theater, Kabarett und Konzerten

▶ **Jüdische Gedenkstätte** in der ehemaligen Synagoge und **Jüdischer Friedhof** in Michelbach/Lücke

▶ **Jakobuskirche** am Jakobsweg in Schainbach

▶ **Schulmuseum** und Historischer Ortsarrest in Hengstfeld

WEIKERSHEIM | **Traumwelten entdecken**

Schlossbesichtigung – das war einmal. Heute geht man in Schlössern, Burgen und Klöstern regelrecht auf Entdeckertour. Auch in Hohenlohe führen inzwischen Kammerzofen, Prinzessinnen im Festkleid und Hofmeister im Livree durch die Räume, wenn man sich einer Themenführung anschließt.

Schloss Weikersheim bietet seit Jahren solche Themenführungen an, für Kinder wie für Erwachsene. »Den Figuren auf den Spuren« heißt eine solche Führung, wo die Hofgärtnerin die ebenfalls kostümierten Kinder in vergangene Zeiten entführt. Die Anschauung liefert die berühmte Zwergengalerie, wo die Aufgaben der Hofbediensteten erkundet werden. Dass die steinernen Figuren des Gartens schon viel erlebt haben, erfahren die Kinder dabei. »Lug und Trug

■ *Schloss Weikersheim mit Zwergengalerie.*

am Grafenhof« führt in kindgemäßer Weise in das Versuchslabor des Grafen Wolfgang II., der um 1600 aus einer baufälligen Wasserburg ein Renaissanceschloss machen ließ. Er entwickelte ein besonderes naturwissenschaftliches Interesse, woran auf dem Gelände des alchemistischen Laboratoriums der »Alchemie- und Hexengarten« erinnert. Die durchaus wissenschaftliche Welt der Experimente wird hier mit Heil- und Giftpflanzen kontrastiert. Unter anderem versuchte

■ *Feine Hofdamen führen durch Schloss Weikersheim.*

Graf Wolfgang, wie viele andere Alchemisten erfolglos, aus unedlen Metallen Gold herzustellen. Selbst eine Goldwaschstation im Schlossgraben ist Teil der Darbietung, und wer genügend »Narrengold« auswäscht, darf es danach in echte Goldflitter tauschen, versprechen die Leiterinnen des Workshops.

Ideal sind solche Themenführungen für Kindergeburtstage. Für noch Kleinere ist der Schlossbesuch mit »Holzwurm Heinrich« ein Erlebnis. Diese Handpuppe zeigt Kindern ab drei Jahren ihr Traumschloss und sie dürfen dabei in die Prinzen- oder Prinzessinnenrolle schlüpfen. Damit ist jeder Kindergeburtstag ein Erfolg – nur früh genug anmelden muss man sich!

Erwachsene, die eine Schlossführung miterleben, werden vor allem den Rittersaal mit seinen Jagdszenen nicht vergessen, der im Mittelpunkt jeder Führung steht. Hier plaudern Schlosstorwart Klemm oder Kammerzofe Anna Weber gerne aus dem Nähkästchen und unterstreichen damit, dass auch die »kleinen Leute« etwas zu sagen haben, wenn sie von rauschenden Festen in den vielen Jahren im Dienst von Gräfin Magdalena und Graf Wolfgang erzählen. Dagegen ist der üppige barocke Garten mit der Orangerie und dem Teepavillon eine eigene Führung wert, die unter der Begleitung von Graf Carl Ludwig höchstpersönlich vorgenommen werden kann, wenn er seine Gäste durch den »herrschaftlichen Lust-

■ *Garten von Schloss Weikersheim mit Orangerie und Steinriegelhängen.*

garten« führt. Und wer noch mehr zur Gartenkultur wissen will, ist bei der kunstgeschichtlichen Führung »Historische Nutz- und Zierpflanzen entdecken« richtig.

Hier in Traumwelten eintauchen ist für Kinder wie für Erwachsene gleichermaßen spannend!

ℹ️ Stadt Weikersheim, Telefon (0 79 34) 1 02-0, www.weikersheim.de ▶ Schlossverwaltung Weikersheim, Telefon (0 79 34) 9 92 95-0, www.schloss-weikersheim.de, www.schloesser-und-gaerten.de

AUSSERDEM

▶ **Historisches Gebäudeensemble** rund um den Marktplatz

▶ **Kärwe** am ersten Wochenende im September

▶ **Hohenloher Kultursommer** im Schloss

▶ **Tauberländer Dorfmuseum**

▶ **Sternwarte und Planetenweg** im Landschaftspark Karlsberg

▶ **Bergkirche Laudenbach** mit Prozessionsweg

WEISSBACH | In Nostalgie pur eintauchen

Weißbach im Kochertal ist die flächenmäßig kleinste Gemeinde Hohenlohes. Aber die gut zweitausend Einwohner von Weißbach und Crispenhofen können sich rühmen, einen eigenen Tante-Emma-Laden zu besitzen, was bei dieser Ortsgröße alles andere als selbstverständlich ist. »Um's Eck« heißt der Laden seit 2010, als der frühere Betreiber in Rente ging und eine der Verkäuferinnen beschloss, den ehemaligen Spar-Markt in eigener Regie weiterzu-

führen. So konnte ein wertvolles Stück Lebensqualität erhalten werden. Alle Produkte des täglichen Bedarfs sind hier erhältlich, hinzu kommt eine Bäckereifiliale. »Die ist besonders wertvoll«, sagt Ladeninhaberin Ilonka Hess, »denn sie wird täglich frisch beliefert und ist ein zusätzlicher Anreiz, hier einzukaufen.« Natürlich weiß sie, dass der Großeinkauf häufig woanders getätigt wird, aber ihre Kunden schätzen, dass ein Spontaneinkauf im »Um's Eck« schneller geht. Und Zeit ist bekanntlich ja auch Geld!

■ *Persönliche Bedienung ist in Weißbach noch selbstverständlich.*

■ *Auf dem Abstellgleis, aber in Betrieb: Im einzigen Schlafwagen Hohenlohes kann man sogar übernachten.*

Möglich macht diese Philosophie die Lebensmittelhandels-Gesellschaft LHG in Eibelstadt im Landkreis Würzburg. Von dort werden viele einstmals selbstständige Einzelhändler im süddeutschen Raum auch mit kleinen Bestellmengen beliefert. Auf diese Weise hat die LHG sechzig Dorfläden neu aufgebaut.

In Weißbach können Sie noch mehr: im einzigen Schlafwagen Hohenlohes übernachten. Dort, wo heute von Künzelsau bis Forchtenberg die Trasse des Kocher-Radweges verläuft, verkehrte bis 1981 die Kochertalbahn. Und aus dem Weißbacher Bahnhof wurde der »Bikerbahnhof« von Familie Hinz. Dort konnten Radler eine Pause einlegen oder ihren Drahtesel reparieren lassen. Auch heute gibt es den »Bikerbahnhof« noch, nur anders: Eventgastronomie für Gruppen und Open-Air-Veranstaltungen werden hier seit 2013 offeriert. Müde Partygänger brauchen dann nur noch den Gang zum Schlafwagen antreten, der auf einem erhalten gebliebenen Gleisstück abgestellt ist. Er ist mit einem Gruppenschlafraum für acht Personen und zwei Doppelzimmern ausgestattet. Das ist schon etwas Besonderes!

i Gemeinde Weißbach, Telefon (0 79 47) 91 26-0, www.gemeinde-weissbach.de
▶ Bikerbahnhof Weißbach, Peter Hinz, Telefon (0 79 47) 9 43 41 97, www.bikerbahnhof.de

AUSSERDEM

▶ **Schönes Ortsbild** mit Fachwerkhäusern und Kirche in Crispenhofen

WOLPERTSHAUSEN | **Schluchten-abenteuer bestehen**

In Hohenlohe gibt es kein Gebirge, aber jede Menge Kerbtäler, die sich in die Keuper- und Muschelkalkschichten hineingefressen haben, die »Klingen«. Bei Wolpertshausen liegen entlang der Bühler die Lochklinge, die Kressenklinge und die Heinlesklinge eng beieinander und im Jagsttal gibt es gleich zwei Teufelsklingen.

Vom Klingenhof aus gehen wir in die Schmerachklinge. Das Bachbett gibt zunächst den Weg vor, denn

■ *In der Schmerachklinge gibt es noch unberührte Natur.*

■ *Der Regionalmarkt der Bäuerlichen Erzeugergemeinschaft*
Schwäbisch Hall in Wolpertshausen.

die Klinge ist im oberen Teil weitgehend weglos und nur an der tiefsten
Stelle zu begehen. Deshalb vergibt
die Internet-Plattform »wegpunkt«
fünf Punkte und die Bezeichnung
»schwierig« für diese etwa 7,5 Kilometer lange Erlebniswanderung,
die zu jeder Jahreszeit ein Ereignis
ist, aber nur bei trockenem Wetter
empfohlen werden kann.

Wenn wir in den Mischwald
eintauchen, wird es schnell dunk-
ler. Die Schmerach führt nach
längerer Trockenheit nur wenig
Wasser, das meiste versickert im
klüftigen Muschelkalk. Immer wieder wechselt man die Seiten, um
Gesteinsschwellen zu umgehen,
und muss über Stock und Stein
balancieren. Die senkrechten Mu-
schelkalkwände hängen teilweise
über. Langweilig wird es nie, denn
entweder queren Rinnsale den
Bach oder treten Quellen aus. Nach
etwa eineinhalb Stunden kommt
man auf den Blau-Punkt-Weg, der
von der Ruine Klingenfels herab-
führt. Ab hier geht es dann etwas
bequemer auf einem Waldweg in
Richtung Oberscheffach, wo ein
Grillplatz lockt.

Es gibt noch eine »zahmere«
Variante, die von der Burgstelle
Klingenfels über das Steinbachtal

■ *Im Regionalmarkt gibt es Feinkost aus aller Welt und aus der Hohenloher Ebene.*

in die Schmerachklinge führt, »die Herrin der Klingen«. Als Rundwanderweg führt sie über 12 Kilometer durch die Schmerach- und Finsterbachklinge.

Burg Klingenfels ist eine der vielen hochmittelalterlichen Burgen entlang des Bühlertals und wurde um 1200 erbaut. Ursprünglich Sitz der Ritter von Klingenfels, ging sie 1359 an Kraft von Hohenlohe über. Sie verkam immer mehr zum Raubritternest und wurde 1381 von der Stadt Hall zerstört.

Ein Genuss für alle Sinne ist zum Schluss ein Bummel durch den Regionalmarkt Hohenlohe. Mit heimischen Produkten kann man sich auch im angeschlossenen Biergarten verwöhnen lassen.

i Bürgermeisteramt Wolpertshausen, Telefon (0 79 04) 97 99-0, www.buehlertal-tourismus.de, www.wegpunkt.de, www.wolpertshausen.de

AUSSERDEM

▶ **Regionalmarkt Hohenlohe** der Bäuerlichen Erzeugergemeinschaft Schwäbisch Hall mit »Mohrenköpfle«-Gastronomie

▶ **Christophorus-Autobahnkapelle** neben der Kochertalbrücke

▶ **Bielriet-Falknerei** in Cröffelbach

ZWEIFLINGEN | Irdisches Glück in heiler Welt erleben

I n Friedrichsruhe sind die Dampf-bahnfreunde in ihrem Element. Sie präsentieren ihre Leiden-schaft von Mai bis Oktober re-gelmäßig der Öffentlichkeit. In ori-ginalgetreuem Kleinformat kann man in eine Eisenbahn-Erlebniswelt eintauchen, echtes Eisenbahner-Feeling garantiert durch die Sig-nale, Andreaskreuze, Bahnhof und Lokschuppen. Und man ist hautnah dabei, wenn die Kessel der kleinen Dampfrösser angeheizt werden. Es sind immerhin 1200 Meter Gleise, auf denen sich verschiedene Züge gemächlich durch die Wald- und Wiesenlandschaft schlängeln. Und für den Imbiss samt Kaffee und Ku-chen ist hier auch gesorgt, natürlich in der Bahnhofswirtschaft.

Das Wald- und Schlosshotel Friedrichsruhe dagegen, dessen weitläufiges Areal auch Besuchern zugänglich ist, gehört zu den no-belsten Adressen in Deutschland. Golf, Wellness und Spa werden

■ *Stilvolles Ambiente im Wald- und Schlosshotel Friedrichsruhe.*

hier auf höchstem Niveau zeleb-
riert. Seit 2005 ist es dem Reich
des »Schraubenkönigs« Reinhold
Würth angegliedert. Waren jahr-
zehntelang Michelin- und andere

Sterne von Meisterkoch Lothar
Eiermann Friedrichsruhes Aus-
hängeschild, so sind es nun die
fünf Hotelsterne, mit denen geho-
benes Flair angeboten wird. Das

■ *Heile Männerwelt: technische Durchsicht einer Lok der Dampfbahnfreunde.*

met-Restaurant. Dass hier kein Wunsch offen bleibt, ist geradezu selbstverständlich.

Friedrichsruhe hat noch mehr zu bieten: Den Golfern des Golf-Clubs Heilbronn-Hohenlohe e.V. steht seit 2012 ein rund 100 Hektar großes Gelände mit 27 Bahnen zur Verfügung. Der Platz bietet eine großartige Aussicht, ist in eine Parklandschaft mit Streuobstwiesenbestand integriert und wird vom Württembergischen Weinwanderweg durchquert. Ein Stück des römischen Limes verläuft über das Gelände, und Wanderer und Radler kommen hier vorbei. Irdisches Glück in heiler Welt!

i Gemeindeverwaltung Zweiflingen, Telefon (0 79 48) 94 19-0, www.zweiflingen.de
▶ Dampfbahnfreunde Friedrichsruhe, www.dbf-friedrichsruhe.de
▶ Wald- und Schlosshotel Friedrichsruhe, Telefon (0 79 41) 60 87-0, www.schlosshotel-friedrichsruhe.de

AUSSERDEM

▶ **Limes bei Pfahlbach** mit begehbarem Teilstück
▶ **Bauernhäuser und Dorfkirchen** in Tiefensall und Orendelsall

Jagdschloss beherbergt 17 De-Luxe-Zimmer und -Suiten sowie einen Weinkeller, das Haupthaus verschiedene Restaurantbereiche vom Kaminzimmer bis zum Gour-

Die Top-Adresse zum Reiseland Hohenlohe

www.hohenlohe.de

- Interaktive Landkarten und Tourenplaner
- Rad- und Wandertouren
- Natur- und Freizeitparadies
- Essen & Trinken in der Genießerregion
- Veranstaltungsparadies u.v.m.

Touristikgemeinschaft Hohenlohe e.V.
Allee 16 · 74653 Künzelsau
Tel.: 07940 18206 - Fax: 07940 18363
info@hohenlohe.de
www.hohenlohe.de

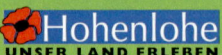